U1012780

大家小书

两汉社会生活概述

谢国桢 著

北京出版集团公司
北京出版社

图书在版编目（CIP）数据

两汉社会生活概述 / 谢国桢著．— 北京 ：北京出版社，2016. 7

（大家小书）

ISBN 978-7-200-12092-9

Ⅰ. ①两… Ⅱ. ①谢… Ⅲ. ①社会生活—历史—中国—汉代 Ⅳ. ①D691. 9

中国版本图书馆CIP数据核字（2016）第077074号

总策划：安　东　高立志　　责任编辑：严　艳

· 大家小书 ·

两汉社会生活概述

LIANGHAN SHEHUI SHENGHUO GAISHU

谢国桢　著

*

北京出版集团公司
北京出版社　出版

（北京北三环中路6号　邮政编码：100120）

网　址：www.bph.com.cn

北京出版集团公司总发行

新华书店经销

北京华联印刷有限公司印刷

*

880毫米×1230毫米　32开本　9.75印张　158千字

2016年7月第1版　2018年5月第3次印刷

ISBN 978-7-200-12092-9

定价：37.00元

质量监督电话：010-58572393

序　言

袁行霈

“大家小书”，是一个很俏皮的名称。此所谓“大家”，包括两方面的含义：一、书的作者是大家；二、书是写给大家看的，是大家的读物。所谓“小书”者，只是就其篇幅而言，篇幅显得小一些罢了。若论学术性则不但不轻，有些倒是相当重。其实，篇幅大小也是相对的，一部书十万字，在今天的印刷条件下，似乎算小书，若在老子、孔子的时代，又何尝就小呢？

编辑这套丛书，有一个用意就是节省读者的时间，让读者在较短的时间内获得较多的知识。在信息爆炸的时代，人们要学的东西太多了。补习，遂成为经常的需要。如果不善于补习，东抓一把，西抓一把，今天补这，明天补那，效果未必很好。如果把读书当成吃补药，还会失去读书时应有的那份从容和快乐。这套丛书每本的篇幅都小，读者即使细细地阅读慢慢地体味，也花不了多少时间，可以充分享受读书的乐趣。如果把它们当成补药来吃也行，剂量小，吃起来方便，消化起来也容易。

我们还有一个用意，就是想做一点文化积累的工作。把那些经过时间考验的、读者认同的著作，搜集到一起印刷出版，使之不至于泯没。有些书曾经畅销一时，但现在已经不容易得到；有些书当时或许没有引起很多人注意，但时间证明它们价值不菲。这两类书都需要挖掘出来，让它们重现光芒。科技类的图书偏重实用，一过时就不会有太多读者了，除了研究科技史的人还要用到之外。人文科学则不然，有许多书是常读常新的。然而，这套丛书也不都是旧书的重版，我们也想请一些著名的学者新写一些学术性和普及性兼备的小书，以满足读者日益增长的需求。

“大家小书”的开本不大，读者可以揣进衣兜里，随时随地掏出来读上几页。在路边等人的时候，在排队买戏票的时候，在车上、在公园里，都可以读。这样的读者多了，会为社会增添一些文化的色彩和学习的气氛，岂不是一件好事吗?

“大家小书”出版在即，出版社同志命我撰序说明原委。既然这套丛书标示书之小，序言当然也应以短小为宜。该说的都说了，就此搁笔吧。

谢国桢先生学术小传

任道斌

谢国桢先生，字刚主，晚号瓜蒂庵主，祖籍江苏常州，河南安阳人。1901年旧历四月初十出生于没落的官僚地主家庭。先生年幼时，父亲宦游在外，由祖母朱夫人抚养，仅读过几年私塾而已。所幸朱夫人善书能文，爱好文史，她经常教孙儿念《唐诗三百首》《诗经》《长恨歌》等，并给孙儿讲《史记》《西游记》《聊斋志异》，娓娓道来，引人入胜。“每至可喜可愕之事”，先生“听之入睡，虽更深人静，两目迷，催之再三，犹不肯入睡，必强要祖母明日再讲而后已。”[1]先生少年时虽然家道中落，但家中仍有《说文解字》《文心雕龙》《何氏语林》《唐文粹》等书供其翻阅。耳濡目染，先生遂对文史产生兴趣。

先生十八岁时，离开安阳到天津南开中学求学，不久他转入北京汇文学校预科学习。1925年夏以优异的成绩考入清华大学国学研究院，名列榜首。当时清华研究院人才荟萃，梁启超、王国维、赵元任、陈寅恪、李济等饱学之士，皆执教其中。先生追随诸导师，受梁启超先生教诲尤多，得以钻研明清史事，并在读书期间发表了处女作《明季奴变考》。

1926年，先生从清华研究院结业后，到天津“饮冰室”协助梁先生编纂《中国图书大辞典》，继续研习文史，并兼任梁先生子女思达、思懿的家庭教师。在梁先生的熏陶下，他对金石学、版本目录学和明清史愈来愈爱好，从此走上研究历史科学的征途。1927年，先生由梁先生介绍，到南开高中教书。半年后，又由梁先生推荐，到北京图书馆供职。北京图书馆藏书富甲海内，先生笃于明清之际野史笔记的搜采与研究，浏览了馆藏大量的珍本秘籍，对这些尚不被社会利用的冷僻文献进行爬梳整理，乐此不疲。他陆续写出《清初三藩史籍考》《清开国史料考》等文，在此基础上，于1931年终于完成了八十万言的《晚明史籍考》。

朱希祖先生认为《晚明史籍考》这部“自非气魄弘伟、毅力坚贞”者难以完成的专著；使人“一扩耳目，增益知识”[2]；柳亚子先生则称诩道：“这部书，我叫它是研究南明史料的一个钥匙。它虽然以晚明为号，上起万历，不尽属于南明的范围，不过要知道南明史料的大概情形，看了这部书，也可以按籍而稽，事半功倍了。”[3]

以后此书增补修订，定名为《增订晚明史籍考》，内容更为丰富准确，诚如王春瑜同志所说：“今天，研究明末及清初历史的人，没有一个不是以这本书为入门的向导，然后才逐渐步入堂奥的；并且在研究过程中，仍然需要不时翻检此书，从而断定所用史料的价值，或者在此基础上，再去进一步开掘史料，扩大研究的范围。”[4]

1932年，先生由胡适介绍赴南京中央大学任讲师。授课之余，他整辑旧稿，撰成《明清之际党社运动考》。这部十五万言的专著，不仅“以党争和结社为背景，来叙述明清之际的历史”，还在于希图“唤起民族之精神”。[5]故而全书非但史料丰富，观点鲜明，并且笔端充满着情感，文采鹰扬。

1934年，先生返回北京图书馆，任金石部主任。除继续研究明清史外，他开始留意两汉碑刻、石画拓片的收采与整理。抗战爆发后，他还常与郑振铎、冯贞群等研讨学问，见到许多被爱国人士从日寇炮火中抢救出来的碑刻拓片与明清文献，尔后伏处小楼，撰成《汉代绘画考》《清初东北流人考》。

南明史的研究是先生课余的又一项科研题目。经过多年的不懈努力，先生于1957年撰成《南明史略》。它“直至今天仍是研究南明史的值得称道的专著”[6]，也是目前史学界唯一的一部较完整的南明史专著。《南明史略》出版后不久，先生即应郭沫若之召，调入中国科学院历史研究所明清史研究室任研究员。

不断的政治运动和“左”的思想干扰，使许多文史工作者产生如履薄冰之感。先生倾力于史料研究，“述而不作”，也含有避免是非的因素。“文革”中，先生被打成“资产阶级反动学术权威”，受尽凌辱，一度被发配河南息县明港干校“改造”，老伴亦含冤病故。然而这一切都没有能够动摇先生献身史学研究的决心。尽管当时先生所喜爱的明清史料大多被查封，但他另辟蹊径，利用《史记》、前后《汉书》、《文物》、《考古》等未被查封的书籍，继续从事学习与研究。受鲁迅先生关于利用汉画拓片来反映汉代社会生活的编撰计划之启发，先生遂努力搜采汉代史料、考古新发现，结合自己过去对汉碑、汉画研究的心得，辛勤笔耕。

汉代与明清时期有迥然不同的特征，先生对汉代的研究自然不如研究明清史得心应手，但他并不畏难，更不肯虚掷光阴。先生认为只要“掌握大量的资料，熟悉当时的社会情况，披坚执锐，得知其中的肯綮，取得内在的联系”，总是能够“持之有物，言之成理，不致于徒说空话”。[7]在当时险恶的环境中，他对自己从事的汉代社会生活研究充满了自信，坚韧不拔，从1972年开始，经过两个冬春，于1974年完成了十余万言的《两汉社会生活概述》。

这部专著尽可能利用考古新成果、新史料，从城市、交通、居民成分、农业与手工业发展、科技、社会习俗、衣食住行、文化艺术、统治人民的方式、知识分子的地位与作用、人民的反抗斗争等多方面，广泛地概述了两汉社会生活。其最显著的特点，就是在写法和内容上具体而微，图文并茂。“文革”后先生又对此书修改增补，有考有述，更为翔实，出版后评论家称此书是从“新角度”研究秦汉史的专著，“由于具体而微，图文并茂，因此全书具体、生动、形象地向读者展现了丰富多彩的两汉社会，令人读了既有知识和历史感受，又有艺术感受”，该书“对两汉史和古代民俗研究颇有参考价值，它为秦汉史领域如何深入研究提供了很好的启示”。[8]

“文革”后先生已是年近八十的老人，但他雄心犹在，不辞劳苦，兼任中国社会科学院研究生院教授和国务院古籍整理规划小组顾问、国家文物局顾问。先生还应邀到北京大学、北京师范大学、华师大等处讲授史料学和明清史。后来又应福建人民出版社之约，将自己多年访求史书的实践经验，以及对史料学的研究心得，整理成《史料学概论》，以供青年文史工作者参考。

1982年夏，先生住院治疗。在首都医院病房里，他仍读书不辍，甚至还强支病体校订英国剑桥《百科全书》有关南明史的中译稿。当亲戚萧璋先生劝他静心养病时，先生沉思片刻说：“‘战士死于沙场，学者死于讲座’，这是先师梁任公先生的遗训……我是一辈子忘不了的。师训不可违，我虽然病了，但是我还活着，怎能不读书呢？”[9]他恪遵先师的遗训，一直工作到生命的最后一息。9月4日，先生终因病情恶化，引起败血症，抢救无效，溘然长逝，享年八十二岁。

先生说过：“鲁迅先生说，弄文学的人只要（一）坚忍；（二）认真；（三）韧长，就可以了，不必因为有人改变，就悲观的。我觉得研究历史的人，尤其是应该这样。”[10]这番话亦是先生对自己治学实践的总结。

注释：

[1] 谢国桢：《悔余诗集》（稿本）卷1。

[2] 谢国桢：《增订晚明史籍考·附录·初版本朱希祖先生序》，1981年上海古籍出版社版，第1100页。

[3] 柳亚子：《怀旧集·续忆劫灰中的南明史料》，1947年耕耘出版社版，第172页。

［4］王春瑜：《秋夜话谢老》，见《学林漫录》第十辑，1985年中华书局版，第7页。

［5］谢国桢：《明清之际党社运动考·自序》，1934年商务印书馆版，第1页。

［6］商传：《谢国桢》，见《中国历史学年鉴（1985）》"现代已故史学家"专栏，1986年人民出版社版，第267~268页。

［7］谢国桢：《两汉社会生活概述·前言》，1985年陕西人民出版社版，第1~2页。

［8］罗俊义：《具体而微，图文并茂》，见1986年7月7日《文汇报》，第三版。

［9］谢纪青：《怀念我的父亲》，见1983年第四期《文汇月刊》，第52~54页。

［10］谢国桢：《我的治学经验》，见《书林》1980年第五期。

目录

前言

忆余幼喜读南明史案，及长，转而探求清初东北满族兴起之由，乃上溯契丹、金源，以迄汉代乌桓、鲜卑之事迹，拟草成一部《东北史略》。时当“九一八事变”之时，大有李义山诗句“可惜前朝玄菟郡，积骸成莽阵云深”之感。尔后，“七七事变”爆发，风云变幻，时局动荡，华北沦陷，东南颠簸不定。桢以谋求衣食，奔走南北，骛于外务，此事遂以中辍。1947、1948年间，余避地上海，在河南路一角小楼上，为银行商家司笔札之役，乃于业余撰写《清初东北流人考》及《汉代绘画考》。1949年春，北平解放，遂迅速北上。1949年秋在天津南开大学讲课，乃得重理旧业，到1951年适为至德周叔弢先生六十寿辰，即把写于十字街头的论文登在《周叔弢先生六十生日纪念论文集》上。

从1951年到1981年这三十年间，余由南开调到北京，在科学院历史研究所从事科研工作，得偿宿愿；承师友启发，学习新知，自觉亦有所得。“文化大革命”期间，余乃下帷读书，重温前后《汉书》《东观汉纪》等书，以及《文物》期刊所载考古发掘工作报告。鲁迅先生《致姚克》的信上说：“汉画像模糊者多……我在北平时，曾陆续搜得一大箱，曾拟摘其关于生活状况者，印以行世，而为时间与财力所限，至今未能，他日倘有机会，还想做一做。”此话对余启发尤深，所以不揣固陋，慨然有述作之意。又因余粗枝大叶，赋性疏懒，做不出考证精细的工作，但想到古人有“读书得间”这句话，就是要掌握大量的资料，熟悉当时的社会情况，披坚执锐，得知其中的肯綮，取得内在的联系，然后才能够持之有物，言之成理，不至于徒说空话，于是试图从这方面做起。

1972年余从河南明港回京之后，陆续读书，积累资料，成《两汉社会生活概述》，承知友吕贞白同志审查校订，又承陕西人民出版社大力支持，得以出版问世。

从1951年到现在（1981年），已经是三十年了。那时周叔弢先生是六十岁生日，现在正值九秩寿辰时期，余也是八十周岁的人了。髫龄就学，皓首无成，但是在大好时光之下，余能够努力工作，共瞻未来美好的远景，是一件不容易的事，故贾余勇，草成了这部菲作以为周公寿；并期待着海内外至亲好友、同志仁人批谬指疵，以匡不逮，借以考验我半个多世纪以来，读书之勤惰云尔。

谢国桢
记于北京乐学斋寓庐
一九八一年四月

一　汉代社会概况

自春秋战国时期奴隶社会制度解体，封建制度逐渐建立，到秦代统一中国之后，改变了诸侯割据的局面，设置郡县，建立中央集权制度，真正形成了统一的多民族的国家。为了边境防御，有时发生战争，但是有斗争，也就有团结与和平。当时在我国西北地区的所谓西戎，早已与诸夏人民友好往来。

汉朝建立，与北边的匈奴虽然进行过战争，但不久就结亲，和睦共处。又像在东南的南粤和闽粤，西南的夜郎、滇、嶲，都和汉朝团结在一个领域之内。

据最近考古学研究，我国古代各民族，多出于一源。如《汉书·匈奴传》上说，匈奴“其先夏后氏之苗裔”。常璩《华阳国志·巴志》上说，四川的巴国“为黄帝高阳之支庶”。若东北鲜卑、乌桓诸民族，多为有虞氏之后。虽然传说不一定可靠，可是彼此之间，互有影响，当是无疑的。至于西南各兄弟民族，也有从马来亚来的，同处一个温暖的大家庭内。各民族的形成，自然有他们的特点，文字语言也有差异，但也有其共同之处。总的说来，自秦统一中国之后，各兄弟民族人民“车同轨，书同文，行同伦”，携手并进，共同发展了经济和文化。以往的人，往往把各族人民习惯于国内的风俗服饰，说成是“华化”，是不够妥当的，应该认为是兄弟般的各族人民，彼此互相学习，取长补短。我们祖国的人民，最能够吸取众长，因之胡人中有汉族的风俗，汉族中也有胡人的风俗。在我国历史上不是有过赵武灵王的胡服骑射、龟兹国喜欢汉代的服饰习俗的故事吗？汉高祖刘邦更喜爱楚国巴渝的歌舞。在汉代，早有著名的外科医药药方的流传，因为匈奴人尤长外科。尤其是在语言文字方面，汉族语言中已有不少兄弟民族的词汇，如北京常用的“胡同”二字，就是从元代蒙古语言中流传而来的。所以说，祖国文化的发展，不能全归功于汉族，而是由各民族融和会通、共同努力的结果。

汉族名称的由来

汉族这个名词，不是自古就有的，而是从汉朝建立以后，才形成起来的。在秦汉以前，只有“华夏”的称呼，而很少看见“汉人”这种叫法。在秦代统一中国之后，威声远及西域，当时各地称中国人为“秦人”。汉灭秦以后，邻邦人民还称中国人为秦人。[①]《汉书·匈奴传》上说，汉代的降将卫律，为单于谋划，教匈奴人“穿井，筑城，治楼，以藏（五）谷，与秦人守之”。颜师古注说：“秦时有人亡入匈奴者，今其子孙，尚号秦人。”顾炎武说：“彼时匈奴谓中国人为秦人，犹后世言汉人耳。”还有清光绪间在新疆温宿州拜城县发现的《汉刘平国治□谷关颂》石刻上载：“龟兹左将军刘平国以七月二十六日发家从秦人孟伯山、狄虎贲、赵当卑、万□羌、石当卑、程阿羌等六人来，共作□□□□□□谷关，八月一日始断山石作孔……”王国维先生作跋说：“匈奴、西域皆谓汉人为秦人。孟伯山等六人称秦人，知刘平国非秦人矣。”[②]

到了什么时候才通称中国人为“汉人”呢？

原来汉高祖刘邦入关破秦后，因为有楚怀王的“先入关者王之”的诺言在前，项羽就假借楚怀王的名义，封刘邦为汉中

---

① 日本人称中国人为“支那”亦从“秦”得声，而法文Chine又从日文音译。英文China则从法文转去而变了音。阿拉伯人最早来到中国时，正值中国隋代，故阿拉伯文称中国为AL-Suin。至于俄罗斯人至今称中国为Кнтай（直译为“契丹”），足见其对中国了解之晚近与浅薄。

② 《汉书·苏武传》；王国维：《观堂集林》卷二十《刘平国治□谷关颂跋》。

王，说：“汉中亦三秦之地也。”刘邦心中非常不满意。《汉书·萧何传》上有一段对话。萧何谏刘邦说：“虽王汉中之恶，不犹愈于死乎……”汉王说：“何为乃死也？”萧何说：“……语曰‘天汉’，其称甚善。”孟康注：“语，古语也。言地之有汉，若天之有河汉，名号休美。”臣瓒说：“流俗语云‘天汉’，其言常以汉配天，此美名也。”所以，当刘邦逐步胜利以后，就以汉作为朝代的名称。可是当时的情况，除了秦朝而外，楚是东南方面的大国。由于楚地势雄伟，人民奋勇，还有三闾大夫屈原所作的爱国的、绮丽、悲愤的诗《离骚》，文化的灿烂是可观的。因之，当时就有“楚虽三户，亡秦必楚”的歌谣。到了秦亡，楚汉相争，楚的势力仍占上风，尤其是楚国的文化，楚国的服饰和歌舞，真是人所爱好，南北共传的。与楚霸王项羽对抗的刘邦，习染了楚俗，喜欢楚国的歌舞，说明了他们旗鼓相当，大有平分秋色之势。自从刘邦不专用力谋而以智取，战胜了项羽，取而代之，建立了

“汉并天下”瓦当

汉朝。在汉代的建筑中有“汉并天下”的瓦当，还有“唯汉三年大并天下”的铭刻，作为宣传。因而秦人改称为汉人，遂有汉族名称的兴起。汉族不过是各兄弟民族之一，若由此引申而为大汉族主义，那就是荒谬之论了。

新城市出现

事情是不断向前发展的，就以我国的方域而论，从北方苍茫的沙漠到炎热的岭南，从西部的喜马拉雅山到东海，领域是辽廓的。祖国人民在这块地方上土生土长，辛勤劳动，不断地垦殖渔牧，发展生产。到春秋战国的时候，大部分奴隶和农民从奴隶主和封建领主统治下解脱出来，获得了能自耕的土地，开辟了大量荒芜的田园。各地方的工商业也逐渐繁荣，出现了新的都市。当时除了成周而外，在齐国有临淄，赵国有邯郸，秦国有咸阳，楚国有寿春等。据说那时临淄已经有四十万人，商业兴盛，建筑物鳞次栉比，来往的人“肩相摩而踵相接，举袂成幕，挥汗成雨”。邯郸更是各类人士云集，妇女善于精歌妙舞。各地方趋时的人，都要赶学邯郸人走路的步伐姿势，才觉得漂亮。至于燕、赵之歌和湘、楚、巴、渝之舞，真欲取郑、卫之音而代之了。这些城市仅仅局限于中原地带，而未开辟的荒野地方还是很多的。

自秦统一六国，情况便不同了，开驰道（驿道），筑堤防，交通比以前便利多了。到汉定鼎之后，便出现了不少新的城市，《史记·货殖列传》里所举的长安、中山、广陵、番禺、宛、颍川等都会的繁盛的景象更是可想而知。《汉书·地理志》把全国分为十三郡，所建置的郡国以及出产盐铁的地区，罗列得极为详明。

当时出现的繁荣城市，到底有哪几处呢？我们可以举汉桓宽《盐铁论》里的叙述，作为概括说明。《盐铁论·通有

汉长安城门遗址

篇》说："燕之涿蓟、赵之邯郸、魏之温轵、韩之荥阳、齐之临菑［淄］、楚之宛丘、郑之阳翟，三川之二周，富冠海内，皆为天下名都。"再加上《史记·货殖列传》中所列举的广陵和番禺，汉代比较大的城市，可以说是罗列略备。到王莽时，为了平抑物价，管制物资，疏通有无，以利于国家岁收，遂以长安、洛阳、邯郸、临菑、宛城作为五都之市，设立五均六筦的官职，作为管理货物中心的枢纽。那时，前汉政府建立在长安，长安是全国的首都。后汉的京城才建立在洛阳，长安与洛阳即所谓二京。关中、陕南一带经过修治，开渠通运，特别在关中修治了白渠，引泾、渭之水，灌溉田地，谷物丰富，因之关中之地，号称为"陆海"[①]。由于关中是全国首都所在，人口众多，所出产的粮食要供给长安市民需用，还是远远不够的。因之，当时每年要从关东转运四百万石粮食来供应京师，还要把四川广汉的物资和丝织品之类，运到长安，补充衣料的不足。所谓关东，指的是齐、楚，就是现在的山东、山西、河南、皖北等地方。关东富足，则关中自然富足；若是关东饥荒，关东饥民逃荒到关中，那么关中必然承受不起这种负担，就处于变乱状态了。关东这一块大平原上所

---

①《汉书·地理志》。

出产的谷物，对人民来说，是何等重要呀！（据记载，像关东的山西晋阳、太谷一带所出产的小米，肥美无比，淇水的竹林，是不可胜伐的。）从西汉到东汉，出产布匹和丝绸（汉代叫作缯帛）的地方是山东的任城（济宁）、河南的河内、四川的广汉，除了四川的广汉，另两处也都在关东。王充《论衡·程材篇》说："齐郡世刺绣，恒女无不能；襄邑俗织锦，钝妇无不巧。"织造出来的这些布匹、丝绸，不仅运到长安，供给汉代帝王将相们享受，而且匈奴和西域的王公贵族也酷爱国内的布帛、丝织品作为服饰，因之这些丝织品的原料和做出来的衣服流传到玉门关以外的边塞之下；又由西域新兴的城市高昌，辗转运输到月支、大秦等欧、亚边境一些地方，使这条交通大道成为历史上著名的"丝绸之路"。西北各国争着要获得我国出产的缯帛，所以《后汉书·大秦传》上说："安息欲以汉缯与之交市，故遮阂汉使，不得自达。"使国际间的贸易，出现了空前的盛况。

我国幅员辽廓，气候寒暖不同，山区河流和平原地带不一样，所以物产的发展也是不平衡的。由于广大劳动人民同心合力，突破了自然灾害的困难，使生产有了发展。例如，在汉代甚至到东汉的时候，渤海湾上渔阳一带还不能种稻；五原是游牧地区，本宜于种麻，但是当地人民还不大会纺织，冬天无衣服可穿，就卧在绒毛细草堆中，借以御寒，不敢出门。西南的少数民族地区，种田植谷还在用刀耕火种的方法；尤其是江南盛产蚕桑之乡，在汉代只能生产“越布”，还不能够纺织丝绸，甚至到三国鼎立的时候，曹丕嘲笑东吴的国主孙权说：江东所做的葛布，怎能够比上我们北方所产的罗纨绮縠呢？就在那时，曹丕的母亲卞氏送给杨彪的夫人袁氏常山郡房子县（今河北临城）产的宫锦百斤、文绢百匹，说明了北方盛产绢帛的情况。关于当时生产发展的情况，前后《汉书》的列传中都有记载，由于文章过长，姑不多引，唯有北魏贾思勰《齐民要术·序》概括得较为扼要，我不妨把原文抄录在下面：

> 九真庐江，不知牛耕，每致困乏。任延、王景乃令铸作田器，教之垦辟，岁岁开广，百姓充给。燉［敦］煌不晓作耧犁及种，人牛功力既费，而收谷更少，（魏）皇甫隆乃教作耧犁，所省庸力过半，得谷加五。又燉［敦］煌俗，妇女作裙，挛缩如羊肠，用布一匹，隆又禁改之，所省复不赀。茨充（汉）为桂阳令，俗不种桑，无蚕织丝麻之利，类皆以麻枲头贮衣，民惰窳，少粗履，足多剖裂血出，盛冬皆然（燃）火燎炙。充教民益种桑柘，养蚕织履，复令种苎麻，数年之间，大赖其利，衣履温暖。今江

南知桑蚕织履，皆充之教也。五原土宜麻枲，而俗不知绩织，民冬月无衣，积细草卧其中，见吏则衣草而出。崔寔为作纺绩织纴之具，以教民得以免饥寒。安在不教乎？

还有《后汉书·张堪传》说：

由蜀郡太守迁渔阳太守，乃于狐奴（今北京市顺义县、密云县）开稻田八千余顷，劝民耕种，以致殷富。百姓歌曰：“桑无附枝，麦穗双岐，张君为政，乐不可支。”

这两段记载所叙述的事情，是真实的。当然改变自然、发展生产的主要动力，是劳动人民，而不是桂阳令和渔阳太守。劳动人民是创造人类财富的英雄，领导者自然是在关键上也起了一定的推动作用。但在当时，如没有当地人民迫切的需要和劳动人民群众齐心协力的创造精神，那么纵有桂阳令和渔阳太守的领导，要达到比以前更高的水平，也是不可想象的。

交通发展，边塞经济繁荣

有汉一代，不仅自然面貌有了改变，发展了生产，创造了社会财富，建立了新兴的都市，而且在广阔的天地里，这些山南海北的城市间，穿山越岭，铺平了道路，修治了沟渠；在城市与城市间，设立了十里一亭，五里一堠，每隔三十里建立驿站，把这些城市联系在一起。在边塞上还设置了屯田、城障和烽燧，巩固了边防，使国家的军队和行商旅客，来往于从长安到西域的大道上，熙熙攘攘，络绎不绝。

这种交通道路畅通的情况，在汉代初年尚不能如此，而是汉初继承秦朝统一国内后修治道路的基础，经过广大劳动人民长期不断地辛勤劳动，逐渐建设起来的。就以西汉初首都长安和东汉首都洛阳而论，当时到关东、关西以及到四川成都和到江南吴郡的水陆交通，还是有阻梗的。

例如从汉中到四川，褒斜道长二百五十八里，中间全是崎岖不平的山路，到后汉永平六年乃修作桥格六百二十三间，建立了五个大桥，设置了邮亭驿站，行人车马得以畅通无阻。这样大的工程，凡用劳动力“七十六万六千六百余人，用瓦三十六万九千八百四器，用粟百四十九万九千四百余斛”，从永平六年动工兴修，到九年大功告成。从此，由“益州东至京师，去就安隐（稳）”。[①]又如从武都到洛阳，先是

---

①《金石萃编》卷六《汉鄐君修褒斜道碑》。

运道艰险，舟车不通，马驴负载，僦五致一。虞诩乃案行川谷，由沮至下辨数十里，皆烧石剪木，开漕运道，川人僦直，雇借佣者。于是水运通利，岁省费用，增产盐米，户口至四万余。[1]从长安到潼关，修凿了运河，并整治了黄河的砥柱，关东的粮食布帛可以运到长安，供给首都。[2]

开通褒斜道碑

又如江南的道路，也是崎岖不平。在战国时代，吴王要争霸上国，才开邗沟（在今江苏扬州附近）通江淮，可是“战舰仍不能达，只能由海入淮。若从常州经镇江向北至江岸，则只有陆路，没有水路”，因为从丹阳到镇江中间，有山路隔绝，即所谓“崭绝陵袭，施力艰辛”。到三国孙权时，才开通从吴县舟行过无锡、武进、丹阳到镇江的水道。《典略》记

①《资治通鉴》卷四十九。

② 同上。

载："先主（刘备）镇成都，拔魏延于汉中，于是起馆舍，筑亭障，从成都至白水关四百余区。"从成都到昆明，道路险阻，东汉到三国时，使用牦牛的西南各族人民，修治了道路，建立了亭驿，由成都到越嶲的道路亦遂畅通。

汉代从关中到九真、日南、交阯等七郡，贡献转运，必须从东冶、福建（泉州）沿海来往，"风波艰阻，沉溺相系"。郑弘奏请开辟了经过零陵、桂阳的峤（山岭）道，经过辟山越岭，使这条道路成为自东汉到六朝以来，去九真、日南的较为坦平的要道，比泛海而行要便利得多了。[①] 总之，从汉初到三国，经过千百万劳动人民的艰巨的劳动，开山辟岭，修治了道路，陆可以乘车，水可以行船，初步奠定了国内交通的基础。

至于西北边塞上，从汉武帝到东汉明帝以前，经过历次经营，在河西走廊新辟了武威、张掖、酒泉、敦煌四郡，并在海头（罗布淖尔）建立了居延城市，"筑遮虏障以卫之"，其后更移贫民，试代田于此。在东北则设有玄菟、乐浪、真番、临屯、沧海等五郡。在东南平定了南粤、瓯粤、闽粤，建

① 王鸣盛：《十七史商榷》卷四十二"小其"条；《三国志·蜀书·张嶷传》；《后汉书·郑弘传》。

立了儋耳、珠崖、南海等九郡。在西南则建立了越嶲等郡，并直达滇池。军队物资运输和行人、车、马、船只，都可以畅通无阻。正如《后汉书·西域传》所说：“立屯田于膏腴之乡，列邮置于要害之路，驰名走驿，不绝于日月，商贾贩客，日款于塞下。”这些地方不但是边防上的重镇，而且是各族人民携手合作、惨淡经营、互通有无，把缯帛运到塞外，又把匈奴北单于的牛马运至塞下的转运基地和贸易点。在这些郡

四川出土的汉代陶马车

邑里，曾制造了数牛驾驶的战车，修建了眺望防敌的楼橹，形成经济繁荣、各族人民会合的城市，当时叫作胡市，也叫作合市。[1]

四川出土的汉代车骑临阙画像砖

边塞上，尤其是河西走廊一带，地广人稀，土地肥沃，不但宜于畜牧，而且宜于种植，大批关东农民乃至商贾负贩，都迁移到这里来，把荒寒的区域，开辟为牧场，或改变为良田。从汉武帝开辟之时起，到东汉光武帝年间，这里已成为繁荣的区域。正如《后汉书·窦融传》说："融自高祖以来，累世在河西，知其土俗。或以关东下贫，或以报怨过当，或以忤逆无道，家属徙焉。习俗颇殊，地广人稀，水草宜畜牧，故凉州之

①《汉书·食货志》《后汉书·孔奋传》《后汉书·南匈奴传》。

畜为天下饶。堡边塞，二千石治之，咸以兵马为务。酒礼之会，上下通焉。”不但畜牧和农业发展，而且是国际贸易和东西文化交流的地方，敦煌遂成为东西来往的要道，是历史上著名的国际城市。除敦煌而外，其次就是张掖。据《资治通鉴》卷四十二说：东汉“时天下扰乱，惟河西独安，而姑臧（张掖）最称富邑，通货羌胡，市曰四合”。胡三省注说：“古者为市一日三合，姑臧殷繁，故曰四合。”汉朝与西域交往，始于汉武帝时，到王莽时中断。东汉初建立，光武时还处于停滞状态，到汉明帝以后，才又恢复。从此，“三通三绝”①，但是，东西的交通往来，人民的往返贸易，始终没有停止过。

甘肃武威出土的东汉陶望楼

①《后汉书·西域传》。

汉敦煌太守裴岑纪功碑

魏晋以后，十六国割据之际，西部各州人民不怕形势的孤立和外族的侵略与压迫，建立了高昌国。高昌国在天山南北沙漠地区，独秀一枝。人民从事劳动，发展生产，仍保持着祖国的文化，优秀的作品还留传到后代，声名远扬于欧亚。高昌国，从鞠嘉开始，传了九代，达一百四十四年之久，最后归顺了唐朝，又实现了祖国统一的局面。[1] 高昌的情形虽屡有变迁，然而在祖国的历史上，一提到高昌文化，总是能够引人入胜的。

汉代的四民

汉代的人民，究竟是包括了些什么内容和成分？我觉得就是古人所说的四民。要解释四民，我们还得就汉代当时的情况而论。《史记·货殖列传》上所说的农、虞、工、商，是“农而食之，虞而出之，工而成之，商而通之”。又说：“农不出则乏其食，工不出则乏其事，商不出则三宝绝；虞不出，则财匮少，财匮少而山泽不辟矣。”就是说，生产粮食的是农；“出山泽之材者谓之虞”，即指采取矿产和搜集山货的劳动行业；进行成品加工的是工；产品交换中起作用的是商。最值得注意的是司马迁所说的“此四者，民所衣食之原也”的根本。稍后，才把虞合并到工中去。《汉书·食货志》说的“士农工商”，其中的士指知识分子。就是说这时才把“士”这个名词加进去。我认为“士”虽然不是一个阶级，但是作为知识

① [日] 羽田亨：《西域文明史概论》。

分子的士，思想是敏锐的，可为劳动人民服务，也可以为统治者服务，起了一定的推动社会进展的作用；班固把“士”置于四民之首，不一定对，但是有其一定的道理的。

我们还从阶级观点来分析。自从汉代秦而兴起，建立了新的封建王朝。新的封建王朝对于人民的压迫和剥削仍然是残酷的。大量的贫苦农民仅能够自耕一小块土地，用收获物的百分之十五交纳捐税（后改为三十而税一）。没有田地的农民还要耕种富豪的田地，与地主对半分成。[①]剥削虽然严重，然比作奴隶的时代有锁链、无人身自由要强得多了。农民们热心耕种自己的田地，为了获得田地上较好的收成，便提高耕作生产的效率。男子们从事田野劳动，到了收割以后，三冬之余，便和妇女幼儿们在夜间油灯底下绩麻、纺织以及打草绳、做麻鞋。一月是三十天，加上夜间的劳动（顶半天工作量），一个月就能得到四十五个工作日，这样辛勤劳动，就使当时农村出现了桑麻盈野、年岁丰收、五谷满仓的局面。[②]

至于工业，虽然农耕之暇，也做些自给自足的家内手工业，豪富之家设有手工业作坊，但主要的还数官营手工业。在

---

①《汉书·食货志》。

②《汉书·食货志》。

汉代的长安及洛阳，中央政府里面专营纺织业的有东、西织室，专营制造铜器、陶器的有宗正属官的都司空、少府属官的尚方令，在地方上则有齐地临菑的三服官。三服是指春、夏、秋三季所用的衣服而言的。除此，河南陈留郡襄邑和四川广汉有服官，其他各地有制造铜器、铁器、治盐的铜官、铁官以及盐官等。在这些机构中，既有工人师傅，还有巧工。师傅们指导巧工制作精巧细致的成品。[①] 手工业工人大半产生于失业的农民，尤其是来源于成千上万被统治者处罚受髡钳的刑徒，他们受着统治者的责骂和鞭挞。

我们看到汉代的铜器、漆器和陶器上，差不多都镌刻有工人的姓名。为什么其他器物上不记载姓名而这些铜器、漆器、陶器上刻有姓名呢？是为着表扬工人吗？不是的。史乘上记载，“工以记名”，《四民月令》上说：“物刻工名，以覆其诚，功有不当，必行其罪，以穷其情。”[②] 就是要监督工人制造出成品，而且事事要负责，还要按件出活，如期完成，不能拖滑的意思。尽管手工业工人们日受鞭挞，生活那样艰苦，但用千百人的力量，做出一杯一棬精美的成品，却仍归皇

---

①《汉书·地理志》《汉旧仪》。

②［东汉］崔寔：《四民月令》。

家、王公贵族等统治者们享受，剩下来的次品才为人民衣食需用。

汉代政府推行重农轻商的政策，但是商人经营商品贸易，惠通有无，有其实际的权利，因之轻裘肥马，过着奢侈的生活。其结果是农民却过贫苦的生活，穷无立锥之地，甚至“衣牛马之衣，食犬彘之食”。正如晋傅玄《傅子·校工篇》上说的：“都有专市之贾，邑有倾世之商，商贾富于公室，农夫忧于陇亩而堕沟壑。”[①] 当然惠通有无，从事国内、国际贸易的商人，也是汉代社会上不可缺少的组成部分。

至于士人——知识分子，在汉代有为帝王驱使制礼作乐的叔孙通，有为加强封建思想统治而提出尊崇孔子、罢黜百家的董仲舒，同时有破除迷信的朴素唯物主义者王充、王符、仲长统等人，还有杰出的文史学家司马迁、司马相如，有科学发明家张衡、马钧等，也有为王公贵族帮闲的蒯通、枚乘等人。助纣为虐的更不在话下，不能一概而论。

以上所述的农工商士，虽然各起的作用大小不同，但可以说都是推动社会发展的主要动力，是社会财富和文化的创造者，也是被统治和被压迫的阶级。这里再谈谈统治阶级的情况

① 崔寔：《四民月令》。

如何呢?

自汉高祖登上皇帝的宝座，建立了封建地主阶级的政权。在这个政权内有统治国家和压迫人民的行政机构，有军队和监狱。其统治人民的阶层最高的是皇帝，其次是同姓和异姓的王公贵族、大臣、外戚、宦官，以及其他的大小官吏和御用文人，构成了封建地主阶级施行政治的集团。继刘邦而后，汉朝统治者为平抑民愤，禁止兼并，也打击了长安和关东的地主豪强。如历史上所说的涿郡的大姓东高氏、西高氏以及其他的大姓巨族，自郡吏以下皆畏避之，莫敢与争，故有“宁负二千石，无负豪大家”[1]之语。所谓大姓巨族者，就是指从战国以来遗留下来的奴隶主以及六国贵族豪富的残余，以及一批“从龙”新兴的封建地主分子。

在封建统治阶级内部，也有一定的矛盾和斗争，汉朝统治者就拿孔孟之道的“以孝治天下”来维护封建统治的秩序，如有同姓王和异姓王起来造反，就群起而诛之。在两汉的皇帝中，除了雄才大略的汉武帝发展了农工业生产，保卫了边疆，光武帝中兴汉室，重视农民，释放了奴婢而外，其他皇帝都不足论。汉武帝由于开拓边疆，因而引起苛征暴敛，对于人

①《资治通鉴》卷二十七。

民有其好处，也带来了灾难。光武帝释放奴婢，清查田亩，做得也不彻底[①]，政治并不见清明。至于东汉明帝以后，多是些短命的皇帝，即所谓“外立者四帝，临朝者六后”[②]。那时的政权操在外戚、宦官和权臣手里，他们彼此互相争权，政治乱得不成样子。到了汉灵帝的时候，卖官鬻爵，贪得无厌。这些统治阶级内部的矛盾，必然导致社会上的动荡不安，终于激起黄巾起义。汉朝的江山早已应该亡掉了，然而还不至于马上灭亡的原因，正像《后汉书·左雄传论》上所说：“往事虽折，而来轸方遒，所以倾而未颠，决而未溃，岂非仁人君子心力为之。”就是封建地主集团维持着摇摇欲坠的汉王朝势力。

汉朝地主阶级的势力和成分中，除上面说的，还有依附于地主阶级的游侠和说客。所谓“三游”，荀悦《汉纪》说：

> 俗有三游，德之贼也。一曰游侠，二曰游说，三曰游行，乱之所由生也。伤道害德，败法惑时，先王之所慎也。

① 《后汉书·光武帝纪下》《后汉书·外戚传论》。

② 《后汉书·皇甫嵩朱儁列传》。

荀悦批评未必确当，但是游侠和游说之士，确是依附地主阶级的一个阶层。再者还有从奴隶中分化出来而依附权门的，如霍光门下的冯子都等类狗腿子。从农民或奴隶以及庶族地主中乘时风云上升而为地主阶级中的重要人物者也是有的，但是数量很少；而身份逐渐下降，成为宾客的，为数愈多，如西汉时淮南王和梁孝王的宾客。地主豪门养客，到东汉之末已成风气。宾客太多，也就不值钱了，就变成跟像破产农民降为与奴隶同等的“奴客”的情况相似了。

封建地主集团家天下的政治统治，使贫苦农民等广大劳动群众再也无法忍受的时候，便被迫起来进行斗争，如发展到西汉之末，就激起了以樊崇为首的赤眉、绿林的起义，打击了西汉和新莽的封建统治。到了东汉的后期，以张角为首的黄巾军，突破统治者的缺口起义了。他们指责统治者“苍天已死，黄天当立”，就是说，天下不再是刘家独霸的了。历次农民军的起义虽然失败了，但是他们正义凛然，使统治者不得不缩手缩脚，有所畏惧。当然，在平时剥削和压迫尚不至于冻馁的时候，农民群众就在广阔的天地里辛勤劳动，发展生产，在物质财富和精神文化上，创造出新的奇迹，推动社会的进展。

二　农业、手工业的发展和科学技术的进步

汉"鼓吹种多"刻石

汉代是我国封建社会制度上升的时期。那时，农民和小手工业者的人身依附关系比过去要放松得多，从西汉文景以后六七十年的休息，经过赤眉、绿林农民群众的斗争，到东汉光武帝施行释放奴婢、恢复工农业生产的政策，农业和手工业确实有了进步，超过了春秋战国时期。所以，汉王朝在我国历史上是一个比较繁荣昌盛的朝代。从历史文献的记载和解放以来考古学的新发现中，不但可以看出当时农业

的发展，手工业制造品的精美，而且有着灿烂的文化，给祖国人民遗留了丰富而宝贵的生产经验。

农业生产工具和耕作技术的改进

农业是广大农民在长期辛勤劳动中，积数百年乃至千年的实践经验而发展起来的。所谓“大辂始于椎轮”，耕种始于播谷，说明非一人之力所能完成，而是群众的智慧，群策群力，通力合作，由粗到精，由用手而到用牛耕，由用耒耜到铁制农具的制造，逐渐地丰富发展和积累起来的。

我国古代传说，神农氏“斫木为耜，煣木为耒，耒耨之利以教天下”①。耕种始于后稷②，纺织则始于黄帝之臣伯余。《淮南子》说：“伯余之初作衣也，緂麻索缕，手经指挂，后世为之机杼，以便其用。”当然这种说法，将耕种和纺织的发明发展完全归功于帝王将相等统治者了。清代文学家厉鹗就有怀疑，他说：“天下治物，创于臣，功归于帝。”③臣就是指臣民，事物的创造者，应是直接实践的劳动者。当然

---

①《汉书·食货志》。

②［明］徐光启：《农政全书》卷一。

③［清］厉鹗：《樊榭山房文集·机神庙碑》。

武梁祠画像中的神农氏及耒耜

自古以来我国有不少科学技术的发明家，他们都是集中了群众和前人的智慧，经过无数次实践，才有所作为和取得成绩的。唐代陆龟蒙写过一篇《耒耜经》，认为耒耜是自从耕种五谷以来生民利赖的东西，是立国的根本。若是饱食安坐、游手好闲的人，不求耒耜名（原作命）称的意义，即扬子所谓“如禽者耶”。陆龟蒙曾亲自参加过耕种，看见农具有犁、镵等项繁多的名目，使用的方法也各不相同，“恍然若登农皇之庭受播种之法”，才知道自己学识浅薄，不觉“耸竖毛发”，因而感觉到周游列国的孔夫子，自以为“不如老农”，是一点也不错的。

农民群众在广阔的天地里，与自然界作斗争，用双手来克服天灾人祸等一切困难，把荒芜崎岖的田地遍种五谷杂粮，植麻栽桑，变成为绿油油的田野，使河山锦绣美丽，是一件非常不容易的事情。

为了耕种，首先要造出耒耜等简单的农具来，后来才用畜力逐渐代替了人力。

早在公元前一千多年的殷商时代，我们祖先的先公先王中，有一个人叫作王亥，就能够驯服野牛。到周代才使用牛从事于耕作和挽车。殷代龟甲文的卜辞中，为了纪念王亥“服牛”的功绩，多记载祭祀王亥的事情。[①]《管子·轻重戊篇》说：“殷人之王，立帛牢，服牛马，以为民利，而天下化之。”自秦以来，农业逐渐地发展，到汉初，农业更加进步，已经普遍地使用牛来驾犁耕田，大概是三个农民用双犁驾

陕西米脂出土的汉画像石上的牛耕图

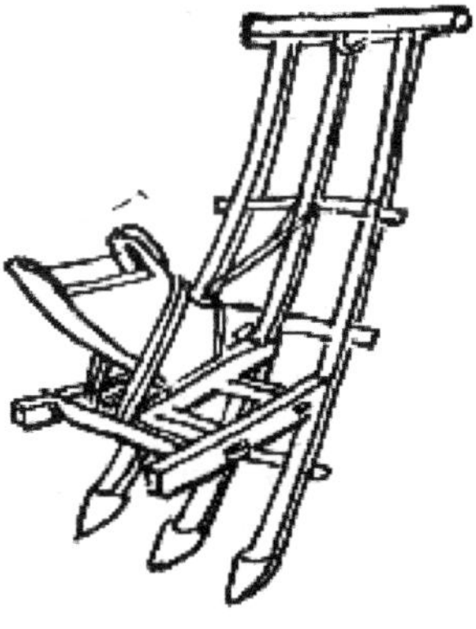

汉代的三脚耧

① 王国维：《观堂集林》卷九《殷卜辞中所见先公先王考》。

驶着两个牛来耕种田地。然在汉画像石上看，亦有一人耕地使二牛的。

汉代除了牛耕，还实行代田法。代田法是把每亩地分成可以通水的渠道，作为三圳，使田地每岁可以种休交替着使用。此时已有兴修水利来灌溉田地和施肥的办法。地头上的沟渠上，驾起桔槔，取水灌溉田地。五谷收割登场碾打以后，用水碓来磨面粉。到三国时人们又发明了水排，“韩暨乃因长流为水排，计其利益，三倍于前。”[1]这样做起来，每亩较没有经过治理的“缦田”，收成要多一斛以上，搞得好的，产量还要增加数倍。故从汉初到汉宣帝时，岁岁得到丰收，即在统治者高压和剥削之下，农民还得以有口饭吃，每石谷子仅值五钱。虽然是谷贱伤农，也说明了五谷丰登的现象。这种耕种方法，由内地逐渐推广到边境，像南方的九真、庐江地区的人民也开垦土地，铸造田器，使用牛耕，生活富裕起来；西北敦煌地区的农民，逐渐改变落后的操作方法，使用耧犁来耕种田地，用力甚省，而生产的五谷较以前增加了五倍。[2]生产方法的改进，推动了全国农业生产的发展。

---

①《三国志·魏书·韩暨传》。

②［北魏］贾思勰：《齐民要术·序》。

纺织业发展

人民生活的两大要素，就是丰衣足食。足食而后，就要丰衣。古人所穿衣服的原料，一般都是麻葛，丝织品只是皇帝、后妃和官吏所穿的衣料。商人有钱，一穿上丝履，就算是躐等了。后来才较普遍使用缯帛和丝绸，因之就注意到养蚕和植桑。原来的桑树，有高干的树桑，和矮干的地桑（又名柔桑）两种。

汉石刻画像采桑图

高干的树桑不便于采摘，而低矮的地桑（或柔桑）不但易于采摘，而且叶多嫩润，营养价值很高，养出的蚕，能吐较好的丝。《诗经·豳风·七月》有诗句说：“女执懿筐，遵彼微行，爰求柔桑。”说明了这柔桑早在春秋时代，已经普遍种植。蚕的优良品种叫作“金蚕”。金蚕丝能织成质量高的丝绸。制丝要缫，都要经过艰巨繁重的劳动。把纺成的麻线和丝缕，摆在纺织机上，织时用手，一个手提综，一个手穿梭，来回往复；经过复杂的程序，才能织成布帛。纺织技术后来慢慢地经过改进，将提综的工作交给两足，腾出两手来轮

汉石刻画像纺织图

流穿梭。脚踏纺织机发明之后，工作效率就比以前要提高得多了。织出来的布帛，提综越紧、越密越好。综密紧的，特别是上到十来综的布帛，是供贵族和有钱的人穿的，粗的八综（稯）布，是一般贫民以及把守边关的戍卒所服用的。八稯布粗糙不堪，从近来在西北罗布淖尔等地发掘出来的遗物中，还可以看到那种粗布的形象。

经过无数职工数十年辛勤劳作，到了汉末杰出的科学家马钧，才发明了高效率的织绫机。在此以前用旧的织绫机，如前汉霍光妻显，赠给淳于衍蒲桃锦二十四匹，散花绫二十五匹，均出自巨鹿陈宝光家，宝光妻传其法。“霍显召入其第，使作之，机用一百‘木镊’，六十日成一匹，值万钱。”织成一匹绫要费几十天的时间，生产效率很低，成本很高。经过很长时间的反复提炼，到马钧汲取前人的经验，简化了绫机的踏具，改造了绫机的综绕运动机件。原来旧绫机五十综者五十蹑（蹑就是踏具），六十综者六十蹑，马钧把它都改成十二蹑，于是生产效率提高了四五倍。[①] 促进了社会生产力的发展。

织成的布帛及原料——丝综、麻线等，还须经过染色，敷

①《三国志·魏书·杜夔传》注。

上红、紫、绿、蓝、缁（黑）等各种鲜艳的色泽。这些颜色多半是从植物中提炼出来的，加上矿物中的矾石，融化配合而成。染红颜色用的是茜草，染蓝颜色用的是靛蓝草。东汉时候，河南陈留一带已栽种有大量的靛蓝和茜草，因此汉代学者赵岐的《蓝赋》说："此境之人，皆以种蓝染绀为业。蓝田弥望，葱蔚可爱。"

至于织成的缯帛，既精致而且柔软，所以汉代文学家王逸的《机妇赋》描写机妇操作的经过说："于是暮春代谢，朱明达时，蚕人告讫，舍罢献丝，或黄或白，蜜蜡凝脂，纤纤静女，经之络之。"[1] 经织女之手还要在缯帛上织出奇丽的花纹，敷上五彩缤纷的鲜艳颜色。汉史游《急就篇》形容缯帛色泽的鲜艳时说："郁金半见湘白勬，缥綟绿纨早紫硟，蒸栗绢绀缙红燃，青绮绫縠靡润鲜。"用现代的语言把它简括地翻译出来，就是：深黄浅白的湘素，在那里闪闪（勬勬）地发光；青白苍艾的纨绮，用縠石辗得平彰；黄若蒸栗的绢，红若荔枝的缯，如火之欲燃；青色的绫罗，梁州的白縠，既有文采，又还润鲜。绚丽斑斓的丝绸，粉白黛绿的色泽，何等光彩夺目呀！

① ［清］严可均：《全上古三代秦汉三国六朝文》。

漆、铜、陶器制造和煮盐冶铁等手工业生产技术的提高

从西汉以来，为适应人民的需要，除了纺织业，其他手工业也相当发达。从现代发现的古器物和史书记载来考察，这些手工业的种类极为繁多，最引人注意的有制漆器、制盐、铸钱、冶铁、冶铜器、造兵器、铸镜、造度量衡、造玺印、造陶器、造舟、造车、做木器、做竹器、编草、雕琢玉石、制造纸张笔砚等。《考工记》上记载有攻木、攻金、攻皮、设色、刮摩、搏埴等加工制造方法。这些工种大半都是官营手工业，如尚方、织室等类，也有农民业余的手工业作坊。在都司空、尚方监统治之下的巧工、工人师傅和工奴等大批的手工业者，都是无家可归的贫民，以及被责罚充劳作的刑徒，过着牛马不如的生活。他们制造出了极为良好优美的成品。在最近所发现的古器物中，如汉宫中所用金色烛台以及行灯之类，真是精彩耀目；铜盘铜盂之类，件件精致；绫罗文绮，花纹奇丽，色泽鲜艳。这些物品，是集众人智慧，而且是非一朝一夕之力所能制造成功的，就是一杯一棬，经过雕制和漆髹，要费数百人之力。从这些物品也可看出当时手工业的发达和某种手工业进行

的程序，和做某一成品的精细分工。我们可以举汉代乐浪王盱墓发现的漆杯铭作一个例子，漆杯铭说：

汉都司空瓦当

汉灯台

汉代的铁农具

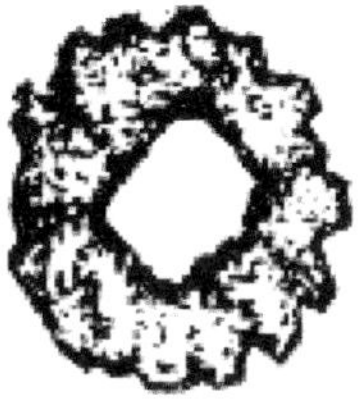

河北出土汉代铁齿轮

汉代四川煮盐图

建武三十一年，广汉工官造乘舆髹泊（漆）木侠纻杯，二升二合。素工伯、髹工鱼、上工广、泪工合、造工隆、造护工卒史凡、长匡、丞巑、掾恂、令史郎主。

最近发现的汉代古器物，不但品质优良，而且种类繁多，发现古器物的地点且遍及全国，说明了汉代开采矿产，搜集木材，以及设官制造的地方，已经相当普遍。我们不妨把《汉书·地理志》上所载有铁官、盐官以及有其他出产品的地方作一个简表：

表1-1　汉代盐铁官及其他产品产地

地名	出产品
京兆尹	
长安　船司空（县名）	师古曰：本主船之官，遂以为县
郑	有铁官
左冯翊　夏阳	有铁官
右扶风　雍	有铁官
漆	有铁官
隃麋	产石墨
弘农郡	
宜阳　渑池	有铁官
河东郡	
安邑	有铁官、盐官
皮氏	有铁官
平阳	有铁官
绛	有铁官
太原郡	
晋阳	有盐官
大陵	有铁官
虑虒	孔继涵有汉铜尺，作虑虒
河内郡	
怀	有工官，主漆物
降虑	有铁官
河南郡	有铁官、工官，敖仓在荥阳
陈留郡	
襄邑	有服官

续表

地名	出产品
颍川郡	
阳翟	有工官
阳城	有铁官
汝南郡	
西平	有铁官县有龙泉水，可以砥砺刀剑，是以龙泉之剑为楚宝也
南阳郡	
宛	有工官、铁官
南郡	
巫	有盐官
庐江郡	
皖	有铁官
山阳郡	有铁官
沛郡	
沛	有铁官
魏郡	
武安	有铁官
巨鹿郡	
堂阳	有盐官
常山郡	
蒲吾	有铁官
都乡	有铁官
勃海郡	
章武	有盐官
千乘郡	有铁官、盐官、均输官

续表

地名	出产品
历城	有铁官
泰山郡	
嬴	有铁官
齐郡	
临淄	有服官、铁官
北海郡	
都昌	有盐官
东莱郡	
曲成	有盐官
东牟	有铁官、盐官
㡆	有盐官
昌阳	有盐官
当利	有盐官
琅邪［玡］郡	有铁官
海曲	有盐官
计斤	有盐官
长广	有盐官
东海郡	
下邳	有铁官
朐	有铁官
临淮郡	
盐渎	有铁官
堂邑	有铁官
会稽郡	
海盐	有盐官

续表

地名	出产品
广汉郡	有工官
蜀郡	
成都	有工官
临邛	有铁官、盐官
严道	有木官
犍为郡	
武阳	有铁官
南安	有盐官
朱提	山出银
越巂郡	
邛都	南山出铜
定莋	出盐
益州郡	
连然（今云南安宁）	有盐官
俞元（今云南澄江等地）	怀山出铜
贲古	北采山出锡，西羊山出银铅， 南乌山出锡
律高（今云南马龙县东）	西有空山出锡，东南盢町山出银铅
来唯	从陆山出铜
巴郡	
朐忍	有桔官、盐官
鱼复	有桔官
陇西郡	有铁官、盐官
金城郡	
临羌	有仙海盐池

续表

地名	出产品
敦煌郡	生美瓜
北地郡	
郁郅	有牧师菀官
弋居	有盐官
上郡	
龟兹	属国都尉治有盐官
高奴	有洧水肥可蘸。蘸，古燃字
朔方郡	
朔方	金连盐泽、青盐泽皆在南
广牧	莽曰盐官
雁门郡	
沃阳	盐泽在东
渔阳郡	
泉州（今天津武清）	有盐官 （或云有铁官，未知孰讷？）
右北平郡	
夕阳（今河北滦县西南）	有铁官
辽东郡	
襄平	有牧师官
平郭	有铁官、盐官
南海郡	
番禺	有盐官
交阯郡	
羸䁖	有羞官
日南郡	

续表

地名	出产品
西卷	有竹可为杖
中山国	
北平	有铁官
城阳国	
莒	有铁官
东平国	
任城（今山东济宁）	产缣帛
亢父	产缣帛
鲁国	
鲁	有铁官
楚国	
彭城	有铁官

从这个表里可以看出，产铜、铁之区，凡四十六处，产盐之区凡三十一处，产石油和石墨之区各一处，有服官和工官者八处，产漆之区一处，产木之区一处，产竹之区一处，产桔之区二处，畜牧之区二处。这不但可以看出我国之地大物博，采矿业发达较早，而且可以作为后人寻找矿产的途径。

度量衡和天文历算经验的积累与发展

汉代农民和手工业工人不但发掘和拥有了大量的矿产和天然的财富，还制造出人民衣食的各种各样精美的物品。为了使制造成品精益求精，更往前推进一步，劳动人民不但将工艺水平不断提高，而且在技术方面有许多创造和发明。我不是说没有科学家和技术家的功绩，而是说科学家和技术家若是离开了劳动人民积累下来的实践和经验，则将是一事无成的。

古代的规矩

汉代的手工业者怎么制造出这样种类繁多的精美物品的呢？首先是有称心应手的工具，即尺度和规矩。我们可从武梁祠后石室第五石上所雕刻的汉代图像来看。

这幅图片上刻画着对面内向的人首蛇身的两人互相纠结着，一个人手里持着矩，就是方尺，另一个人手里持┼着形之物，就是圆规。规的丨表示定中心的器具，向上的┘是用于画圆的仪表，把┘安置在丨上，用一推移伸缩，使圆形运用自如，可大可小。其向上的丨和┘当为尖锐的形状，不过石刻上年深月久，就变成粗线条了。这里所说的矩和规，就是人们所周知的所谓“不以规矩，不能成方圆”。矩本来是直矩，是分为九度的直尺。如用这个直矩向右折，上五下四，中间重复的地方便成了一个直角，叫作“倨句”。两个有“倨句”的直角合起来便纵横皆五，成为二十有五的积矩。我们还要说到把一矩的直角分开来的二分之一的半矩叫作“宣”。直角的分割变化无穷，因之劳动人民利用这个方圆角度的方法来制造交通的舟车、耕种和除草的镈与锄地的耰锄等农具。[①] 劳动人民无穷的智慧，制造了生产的工具。这也是我国的数学上勾股割圆的所由兴起，在科学上建树了驰名中外的成就。

武梁祠石刻画像中的执矩图

① 罗振玉：《武梁祠画像序考》；程瑶田：《通艺录·磬析古义》。

星象知识

古代农民为了耕种田地，发展生产，就要掌握什么时候下种，什么时候收割。明了一年中有春夏秋冬四时的更迭，才能够不违农时。掌握春夏秋冬依什么作为标志呢？那就要看天空的北斗七星。在冬天下雪的时候，天上的北斗七星的斗魁下面的斗柄，由西经北往东移，那就是冬天快要完结，而春天又要来临了。关于银河星座中的牛郎、织女星，虽然带有神话色彩，但是也可以说明人们已总结出夏、秋之间是牛郎耕地，织女纺织的时候。又如用晚上看见的参星，早上看见的商星，区分昼夜，等等。由此类推，在天空间可以认识更多的星宿。再如以赤道附近的恒星“中天”作为标准，也可以由日初黄昏时发现北斗七星的斗柄所指的方向作为标准，观察四方的“四仲中星”，后来受五行学说的影响，在这四方之上又添上了“中宫”成为五宫。四中星后来又扩充到二十八宿，但仍旧分属于“四宫”[①]，形成了初步认识天空现象的天文学的知识。在我国古代流传下来的甘德、石申、巫咸三家星经，就是吸取了这些群众积累的经验，编纂而成的。

---

① 夏鼐：《洛阳西汉墓壁画中的星象图》，《考古》1965年第2期。

除空间而外，农民所最注意的便是时间。古语说得好："日出而作，日入而息。"说明了我国古代农民早有作息时间的观念。但是一天里要做些什么，怎样利用时间才能使工作提高效率，在计时的子、丑、寅、卯等十二时的方法还没有划分出来以前，只有拿日、月、星、辰、鸟、兽为识时的标准。（《夏小正》）最早见于史书记载的记一天早晚的名词有"平旦""日中""日之夕"等。记夜里早晚的，则叫作"夜半""夜未央""夜向晨"。以后慢慢地又把它划分为甲、乙、丙、丁、戊，称五夜。后来的五更，就是由此演变而来的。春秋战国时代，把一天分为十二时，叫作"夜半""鸡鸣""平旦""日出""食时""隅（东）中""日中""日昳""哺时""日入""黄昏""人定"，虽没十二支的名目，却有划分为十二时之实。及至汉代，才有以干支记十二时之法，时辰之名，所由兴起。时是指时间，辰是指方位。把一天分为十二个辰次，就是说时间的移动在某个辰次上。如唐代小曲中还有"夜半子""鸡鸣丑""平旦寅""日出卯""食时辰"，等等，可以看出"夜半""鸡鸣"为时，"子""丑"为辰的例子，乡间的农民尚有"半夜子时""日出卯时""日入酉时"的习惯说法，就是时间加在辰次上的痕迹。

计时工具

用什么工具来表达和计算时间呢？流传下来的古代计算时间的工具和仪器大约可分为三种：一是日晷，二是表，三是铜壶滴漏。前两种是用于白昼，第三种滴漏最宜用于夜晚。

表是八尺长的木棍或竹竿子做的，用来察看日影。所谓“日上三竿”，说明时候已经不早了。日晷是用石刻成圆形的器物。《说文》上说晷是日影。滴漏，《说文》上说：“漏以铜盛水刻节，昼夜百刻。”漏刻遇到了燥、湿、寒、温，度数可能测量不准确。据桓谭《新论》说：“昼日参以晷业，暮夜参以星宿，财得其正。”可见这三种测日用具是相辅而行的。用竹木做的表最易于损坏，至于用石刻的日晷，用铜铸造的滴漏，至今还有保存下来的，如清末大臣端方所藏汉代石刻日晷，就是一个例子。

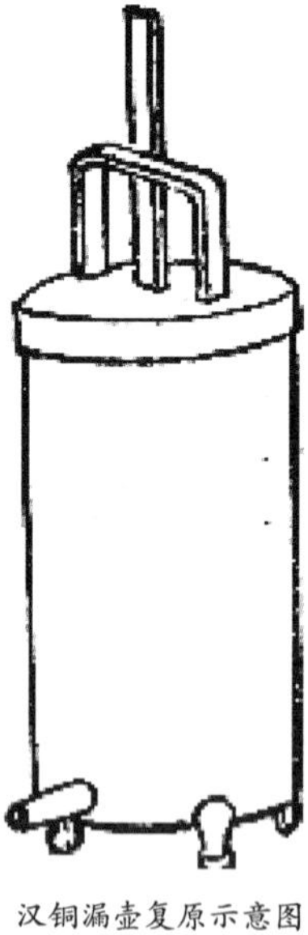

汉铜漏壶复原示意图

西汉初，每天时间划分为百刻，每刻约合今十四分二十四秒。到汉哀帝时，汉规定为一百二十刻。王莽之后，因用法不便而中止。汉日晷是在刻有放射线条的圆形石盘中间开凿一孔，置一铜制的箭，依日光照射产生阴影反映在所刻度数上，来计算白天的时间。这种指射时刻的箭，多半是由官府颁发（见《汉书·哀帝纪》），以表示慎重之意。在日晷的石盘上，仅刻有白昼的六十九刻，其余的三十一刻，因属于夜间，没有日光的照射，虽有地方而无法计算。近人劳榦的《居延汉简考释》，曾以汉代夜半、鸡鸣、平旦等十二时分法来计算，所列自平旦至黄昏属于昼，从黄昏至平旦属于夜，而平旦及黄昏为昼夜之际。昼时较长，每时得八刻又半，夜时较短，每时得八刻，于是昼时自平旦至黄昏恰得六十八刻，遂与端方所藏日晷上所刻的凡六十九刻为昼的刻画方法，较为吻合。这种刻度与实际昼夜划分的情况相比较，却有些差异。若此石刻上划分的度数，唯有在北纬五十一度，当今恰克图、爱辉等地夏至一日方能如此。闻此石刻发现于内蒙古地带，故

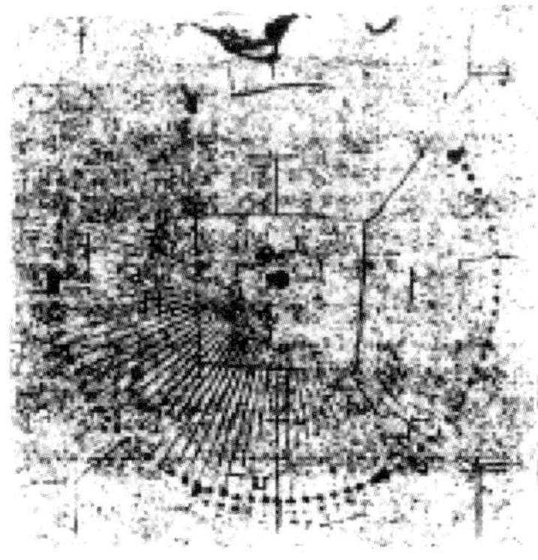

汉日晷刻石

其方位与当地的情况相合，因之只可说是时间的分配当以此为起始，规划的昼夜度数则不能以此为断。又昼夜漏刻因春、夏、秋、冬四季的不同亦有所更变。据《汉旧仪》所说："夏至昼六十五刻则夏至夜为三十五刻；冬至昼四十一刻则冬至夜为五十九刻。"又如立春昼四十六刻则立春夜为五十四刻，立秋昼六十二刻则立秋夜为三十八刻，较诸真夜为短、真昼为长。这个日晷上划刻的昼六十八刻、夜三十二刻不过是作为标准，而随时可以更定的。可以看出，汉代所刻的日晷，划分于昼的为多，而划分于夜的较少了，这也可说是科学由粗略向精密发展的一种表现。[1]

汉延熹七年土晷刻文

自从有了刻漏划分时间的新方法，不但便利农业的操作，而且应用于社会各方面。春秋战国以来，在军事上为了严明纪律，就利用了漏刻。例如，齐国的名将田穰苴，在军门前"立表下

① 劳榦：《居延汉简考释之部》。

漏”以约束军士。到了日中，监军庄贾还没有到来，田穰苴就仆表决漏，立斩庄贾以徇，三军之士皆为之震栗。又如汉昭帝死了以后，昌邑王刘贺急于继承帝位，从昌邑驰车急往长安，“夜漏未昼一刻”[①]。刻漏的利用，一直到三国时代还起了很大的作用。例如，太史慈是东吴孙策较好的战友，孙策大宴宾客，预备下盛馔，约定时间，“立竿见影”，来请太史慈，等候多时，到了那天日中，果然看到太史慈身穿白袍，骑着白马，远远而来，孙策为之大悦。[②]这可见，有了刻漏，对于工作就便利多了。在汉代，测量日影属于表一类的，还有一种叫作“土圭”用来测量日影的长短与时间的关系，由此而推测地球与天空间太阳的距离，发展而为量天的尺度，把我国的天文学推进了一步。

汉“会仙友刻石”

---

① 《汉书·昌邑哀王传》。

② 《三国志·吴书·太史慈传》。

古代由鸡鸣、未旦，改进而为干支计时的方法[①]，对于每日计时可算是推进了一步。当然还有能够把一个月的日子排列起来的。古代计年月的方法，是按照月亮的盈亏而定的，月亮由亏到圆而又到亏，就是一个月。“一年望月九回圆”就应该从春、夏到秋、冬，月圆、月亏十二回就是一年了。早在殷商时代，把一个月的日子分为几部分，都是按照着月亮的盈亏而言的。一曰初吉，是指着初一日到七、八日的；二曰既生霸（魄），是指着初八、九日以到十四、五日的；三曰既望，是指着十五、六日以后到二十二、三日的；四曰既死霸（魄），是指着二十三日到三十日所谓晦日的。[②] 这只能是大约的计算，计时的数字还是不甚准确的。

到了汉代，对于月日的记载有较准确的数字，如在四川发现的石刻上有“汉安”，是后汉顺帝的年号（142—144年）。又居延汉简中有“六月十一日”“六月十八日”“五月十四日”等等，这可见用数目字记年、月、日普遍行于东汉之时，于是历史事实的记载更为清楚可靠，尤其是对于年历学有很大的贡献。

---

①《三国志·吴书·太史慈传》。

②《观堂集林·生霸死霸考》。

度量衡

在农业生产中，必须掌握四时的寒暖、土地的肥瘠，才能够把庄稼种植得更好，取得更大丰收，即所谓“不违农时，五谷不可胜食也”。五谷生产出来了，还必须检查谷种的好坏和轻重，织出布来要审量布帛的长短，于是称量谷物和布帛的度、量、衡器具因时而发明了。由于度量衡器具发明和广泛使用，在从对铜制或瓦制容量器轻重敲打的声音中，又产生出了音乐和其他的科学。

汉长安尺

据汉刘向《说苑》记载：“度量权衡以粟生，一粟为一分，粟者一黍也。”这就是说，度量权衡都是以一粒小米的轻重和长短积累起来而产生的。《汉书·律历志》记载：“推历生律，制器规圆矩方，权重衡平，准绳嘉量。”最主要的是要把度量权衡搞得准确。

斛（莽量）

第一是度。“度长短者，不失毫厘”。孟康注：“毫，兔毫也。十毫为厘。”清沈钦韩注：“厘，马尾也，十马尾为一分。”

第二是量。“量多少者，不失圭撮。”汉应劭注：“四圭曰撮，三指撮之也。”孟康注：“六十四黍为圭。”清沈钦韩引《孙子算经》注：“六黍为圭，十圭为秒，十秒为撮，十撮为勺，十勺为合。”

第三是权。“权轻重者不失黍累”。汉应劭注：“十黍为累，十累为一铢。”刘向总结说，就是“纪于一，协于十，长于百，大于千，衍于万，其法在于算术”。这大概就是说我国古代算术所由缘起。

刘向接着用实物来作证明，并引申了这种说法，就是“度者，分、寸、尺、丈、引也，所以度长短也”。他以在音乐中发出宫、商、角、徵、羽五音当中最根本的声音且律管最长的黄钟作为标准。黄钟的律管长九寸，加上一寸，便是一尺。以山西上党县所出产的颗粒圆而且重、颜色又发乌色的秬黍（小米），放在律管里面，从一粒起，积累到一千二百颗秬黍的广度，恰为九分。十分为寸，十寸为尺，十尺为丈，十丈为引，就成为分、寸、尺、丈、引的五种累积的度数。因而，用铜制成了尺子来度量物品。清乾隆年间，在山西发现的汉建初虑虒（地名）尺，与上面所说的分寸颇为符合。不过，汉尺较短，只有营造尺的七寸二分。到了南北朝以后，因为北魏以来的统治者要增加征收布帛，才开始增长。[①] 刘向说：“量者，龠、合、升、斗、斛也，所以量多少也。”用黄钟的龠（黄钟的面积），来审度其容量。用“子谷秬黍”一千二百粒置在龠中，还拿井水作为水平准，量其平直，这就是一龠，合（两）龠为合，十合为升，十升为斗，十斗为斛，就成为龠、合、升、斗、斛五种“嘉量”。这种嘉量是用铜器制成的圆形，直径一尺，外旁边有庣（有边沿），上边为斛，下边为斗，左耳为升，右耳为合、龠。“状似爵（酒器），以

---

① 据《汉书·律历志》。

縻（散）爵禄”。从近来发现的“新嘉量”，可以看到它的形状。这种铜器，敲打起来，还可以发出和黄钟相似的洪亮声音。“权者，铢、两、斤、钧、石也，所以称物平施，知轻重也”。也是因黄钟之重而起的。一龠容千二百黍，重十二铢。二十四铢为两，十六两为斤，三十斤为钧，四钧为石，就成为铢、两、斤、钧、石五种权的制度。权是秤锤，用铜或铁制成。已发现的秦权，轻重不同。权有大小，所谓“小大之差，以轻重为宜，圜而环之。令之肉倍好者（如淳曰：体为肉，孔为好），周旋无端，终而复始，无穷已也”。由称物质轻重的权，从而产生了衡。“衡运生规，规圜（圆）生矩，矩方生绳，绳直生准，准正则平衡而钧权矣”。以上所说的衡、规、矩、绳、准，叫作五则。这就是说：“规者，所以规圜器械，令得其类也；矩者，所以矩方器械，令不失其形也；准者，所以揆平取正也；绳者，上下端直，经纬四通也。准绳连体，衡权合德，百工繇（由）焉，以定法式。”

汉代科学家的发明和创造

《汉书·律历志》里所举度量衡的制度，都是以农民耕种所生产的谷物秬黍的颗粒作为基础，而成为百工的法式和准规，逐渐产生了科学的萌芽。由这些用铜铁木石所制的物品，从而发明了黄钟，逐渐形成了五音和谐的音乐。在这个基础上，又有新的发展。正如汉代科学家张衡说的："参轮可使自转，木雕犹能独飞，已垂翅而还故栖，盍亦调其机而铦诸？"所以他发明和制造出了"浑天仪"和"地动仪"。古代都是在竹简和布帛上写字和绘画，虽然在西汉末或用破絮制造过粗糙的纸，即所谓"赫蹏"，但还不能普遍使用。汉末刘熙《释名》说："纸，方絮也。"就是方块的棉絮。自从后汉蔡伦积累了前人的经验，开始利用树皮、麻绳、腐烂的布帛和渔网，捣碎后造成纸（纸的出现，实早于蔡伦二三百年），后来的人继续其业，精益求精，所造成的纸成色日佳，生产日广，就普遍地为人们所利用。

除此之外，有上面所说过的三国时期的扶风人马钧，他制造了精巧的织绫机、指南车和抽水来灌田的翻车。能"使木人击鼓吹箫，跳丸掷剑，缘绠倒立，出入自在"。晋代傅玄称赞他说："马先生，天下之名巧也。少而游豫，不自知其为巧也。当此之时，言不及巧，焉可以言知乎？为博士居贫，乃思绫机之变，不言而世人知其巧矣。"他不自知其为巧，所以为世人所推重。因之张衡、蔡伦和马钧同为汉代的科学技术的发明家，对于社会都有很大的贡献。这都是积累

浑天仪模型

地动仪模型

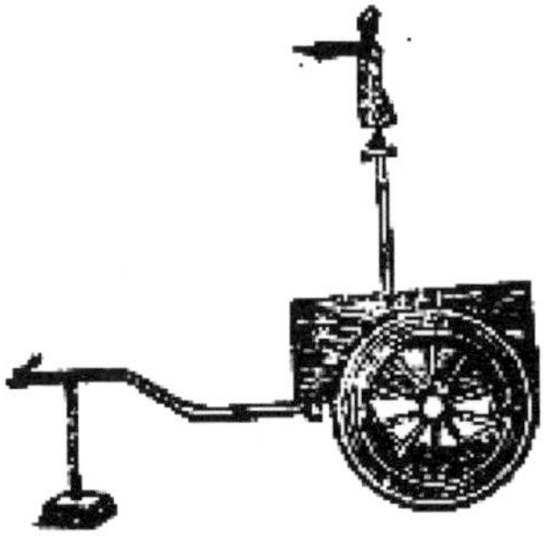

指南车

翻车

陶风车

了千百年来人民创造的经验，把它反复实践，精心制作而成的。当然，离开人民群众的需要，不讲求尺度的长短，闭户造车而想出门合辙，亦是不可能的事情。

三　人民生活中的衣食

服饰

人类为着防御寒冷，就发明了衣服。中国古代人穿的衣服，由宽袍大袖、繁缛装饰，经过改进，变为便利于工作的服装。当然称体合用的衣服，总是美观的。

古代地主、贵族们多是“峨冠博带”，宽衣大袖，这是为了表示其豪华和尊严，统治阶级的等级制分别得非常严格，所以他们上朝和祭祀所穿的礼服上，就有日、月、星、辰、山、龙、华虫、藻、火、粉、米、黼黻等不同的花纹，各有其象征意义，共十二章。皇帝服用的是全份十二章，诸侯三公所服用的是自山、龙以下八章，九卿以下所服用的是华虫以下六章。头上戴的冠冕，也有不同，以此区别爵位等级。[①]

平常人所穿的，除上衣下裳以外，就是襜褕了。襜褕亦名襜襦，上下相连，是无里的禅衣。《释名》说："禅衣，言无里也，褊属也，衣服上下相连属也。荆州谓禅衣曰布褊，言其襜襜弘裕也。"襜褕是长袍式的衣服，虽穿着比上衣下裳要简单一些，但仍然不便利于工作，所以汉高祖的谋臣叔孙通要演习典礼，"乃变其服，服短衣制"。西汉中期的一个刺史朱博，看到"功曹官属，多褒衣大袑（大绔），不中节度"，掾吏穿着过长的拖地服饰，遂"皆令去地三寸"。[①]从这一点可以看到，宽衣博带是官吏穿上逢迎长官的衣着，登堂时还要摄衣，何况从事体力劳动的人穿上就更不方便，甚至妨碍操作了。

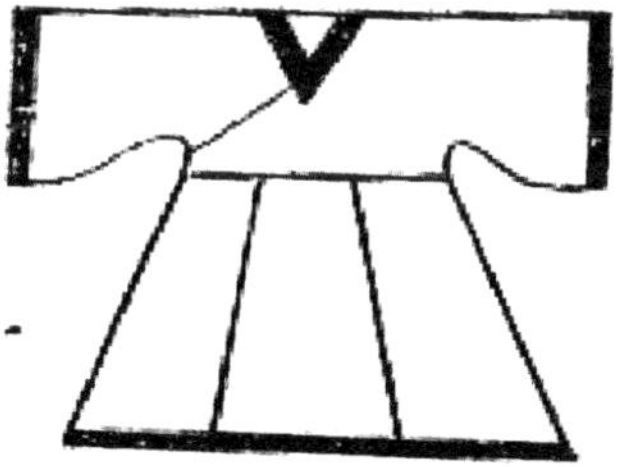

汉代禅衣

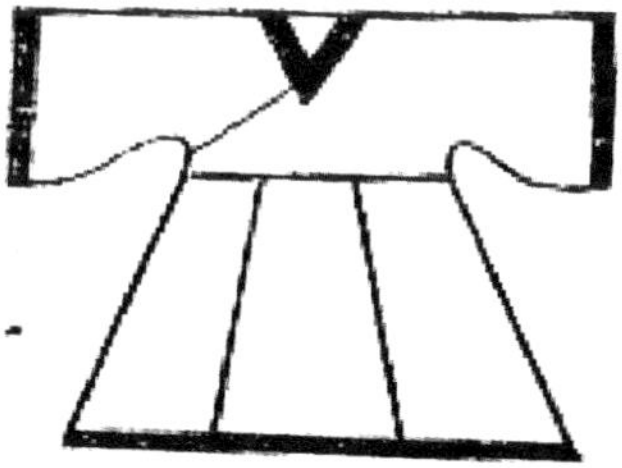

长沙马王堆出土汉素纱禅衣

① 《汉书·朱博传》。

祖国的人民是聪明智慧的，而且各民族之间能互相学习、融汇众长的。因此早在战国时期，燕赵和荆楚人民效法北方胡人穿短衣服、便于骑射的风俗，这就是传说的赵武灵王胡服骑射的故事。胡服到后来就演变成为“褶裤”的制度了。当时赵的战士们为了壮观好看，身上穿褶裤；头上要戴赵武灵王的儿子惠文王（名何）所制定的帽子，帽子上插五色翎翅，即所谓貂蝉“惠文冠”；腰间还要束上具带，用铜做的带钩叫作“师比”，把腰紧扎起来，带一柄长剑；脚穿靴子。古人只穿履（鞋），没有靴，靴子是由学习胡俗而来的。《汉书·盖宽饶传》说：“宽饶初拜为司马，未出殿门，断其禅衣，令短离地。冠大冠，带长剑。”这样的服饰如果图画起来，俨然一个汉代武士的形象。今陕西临潼秦始皇陵东侧发现的大批兵马俑，虽早于汉代，但犹可借以想见汉代战士雄伟壮观的形象。

赵武灵王改变旧制，提倡穿胡服，是为了动作便利。他有句名言，就是：“以书御者不尽马之情，以古制今者不达事之变。”[①] 后来从汉魏到六朝，人民因为穿着便于工作，就互相习用，把它简化，上面穿的短衣叫作褶，下面穿的叫作袴［裤］；因为袴［裤］脚肥大，有时用丝绦把它捆束起

① 《史记·赵世家》。

来。三国时汝南吕范，避乱寿春，要在孙策下从军，“便释褠着褶袴［裤］，执鞭诣阁下启事”。策授以都督之职。褠就是单衣长袍，像襜褕式的衣服；褶裤是武士穿的衣服。这就是说褶裤本来是武士和劳动人民所穿的衣服，后来便变成为由官吏到市民所习用的褶裤式的衣服制度了。[①] 女子的衣服，上面穿的短衣叫作袿，下面穿的叫作裙。

农民服装
（束髻，穿短袖长襦，草鞋）

文吏服装
（穿裤裙，束带，戴冠帻，内穿中衣）

① ［清］严衍：《资治通鉴补》卷六十“献帝兴平二年”条；《观堂集林·胡服考》。

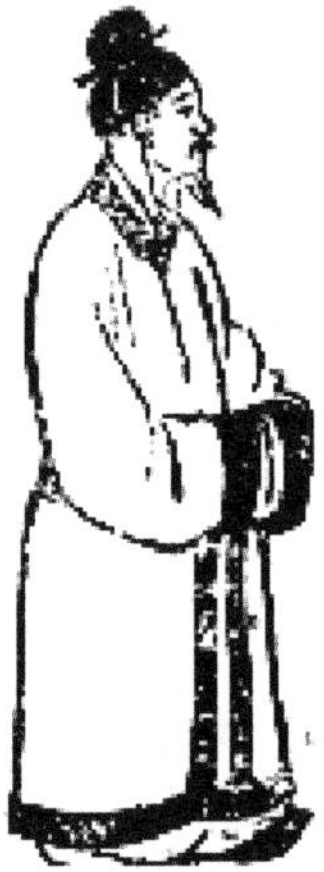

市民燕居服装
（发在头顶为中心结，包发巾，加抹额，穿襜褕，束大带）

仕女服装
（高髻，穿花襦，褂裙曳地）

汉代衣服是外衣有襟无领，内衣才有领。领有方领、圆领之分。一般人穿的是圆领；只有知识分子（学者）穿的是方领，还要迈着矩步。后汉马援的哥哥马况以豪贵自居，要高人一等，就做出这种文绉绉的样子。[①] 隋萧该《汉书音义》说："颈下袘衿，领正方，学者之服也。"表示是一种特殊的阶层。

① 《后汉书·马援传》。

劳役人服装
（束发，穿衫、裤，着臂鞲）

厨役服装
（戴小帽，扎带，穿襦、裤，着鞲）

劳动人民为了爱护衣服，便于工作，两只袖子加上“绨鞲”，可以说是袖衣，即今天群众常用的护袖。裤子的膝盖上还加上用皮做的“蔽膝”。《汉书·东方朔传》记载：馆陶公主迎汉帝，“自执宰敝膝，道入登阶就坐”①。馆陶公主的侍臣董偃“绿帻傅鞲”。可见当时一般宫奴官婢都是穿着“绨鞲蔽膝”的。汉代文学家司马相如不得意的时候，在

① 《汉书·东方朔传》。

辽阳三道壕汉墓辘轳井壁画

临邛和他的妻子卓文君当垆卖酒，“身自着犊鼻裈，与庸保杂作，涤器于市中”①。犊鼻裈，就是在裤子外边加上围裙，即崔豹《古今注》上所说的“攘衣厮役之服”。《汉书·贾谊传》韦昭注：“析薪为厮，炒烹为养。”养就是炊事员，所以犊鼻裈指做饭时所穿的衣服。

衣服做好了，不穿时，要存放在箱子里。用皮做的箱子叫作韦笥，黄韦缘巾；用竹木做的叫作严具，以帛或粗布作里。农民所用的大半是竹木做的箱子。

关于衣服的颜色，在秦代，官吏所穿的衣服主要是黑色，到了汉代，因为改变服色，官吏所穿的衣服多半是绛色或深黄色。如汉光武初起兵时市兵弩，所穿的是“绛衣大冠”。一般劳动人民所穿的多半是皂色衣服，或白色的裤

① 《汉书·司马相如传》。

子，头上哪能有帻，不过用布来裹头而已。还有那些作城旦舂充劳役从事手工业劳作的刑徒，穿的是赭色的衣服，背上还要用黑笔写上他们所犯的罪状（名）。到了东汉后期，由于封建统治者的压迫，犯罪的人越来越多，每个工地的刑徒从几千人到数万人，赭色的衣服几乎办不过来，所以当时就有讽刺统治者“时无赭，浇黄土”[①]的歌谣了。

汉朝统治者所穿的衣服种类非常之多，但是劳动人民还是衣犬马之衣，甚至于有衣不蔽体的。如五原的农民，冬天无裤可穿，就卧在屋内草堆、毡毛之中来御寒冷，几乎不能出户。守西北边塞的士卒，因为手中无钱，就把官府中所颁发下来的旧战袍卖掉充饥。又南朝宋何法盛《晋中兴书》记载：“刘寔少贫，共糠饭，绳索作衣。”卖手搓制的绳子来度日，而口诵诗书不辍。人民生活的痛苦可见一斑。

古代虽然“凿井而饮”，但因为器具不足，凿井很不容易。汉代陶器中，有陶井的模型。井凿深了，还需较长的绳子，所以有“绠短汲深”之说。大量用水，尚不很方便，洗濯衣服就要有一定的时间。从汉到唐，风俗习惯相差还不很远，因之唐人有“九月寒砧摧落叶，十年征戍忆辽阳”的诗

①《资治通鉴》卷三十三。

句。由于秋风来临，天气变冷，要洗濯更换衣服，就想起远方的征人来了。

晒晾衣服也要在秋高气爽的时候。《晋书·阮咸传》说："咸字仲容，陈留人。时俗七月七日晒衣服，咸之宗族于庭中罗列衣服。咸贫无物，乃脱犊鼻布裩，以竹竿挂之，人问故，答曰：'不能免俗'。"这可为没有衣服的人做"解嘲"了。

古代少年儿童只把头发束在一起，绾成一个发髻。男子到了20岁以后才可以戴冠，叫作"及冠"。女子到16岁以后束发用笄，叫作"及笄"。笄系用木制或骨制，讲究的则用玳瑁或铜制作，甚至用金制作，饰以珠翠，叫作金钗。汉代的男子们为了简便，就开始不戴冠而用帻了。帻是用绸或布做的。《释名》说：

头饰笄、身着蚕服的汉代皇后

> 帻，迹也，下齐眉迹然也。或曰兑，上小下大，兑兑然也。或曰帻，形似

帻也。贱者所着曰兑发，作之裁过发也。或曰牛心，似之也。

大概帻较长，用它把头发束在头顶当中，好像一个牛心，在汉画像石上可以看到这样的痕迹。

至于脚下穿的鞋履方面，《释名》说："复下曰舄，禅下曰屦，冬则用皮。"这是指一般市民所穿的鞋。劳动人民穿的大都是草鞋，俗名叫作"不借"。因为时常穿用，故不能借人。有时或着木屐。人们穿衣着履，主要考虑经久耐用，即《急就篇》所谓"完坚耐事逾比伦"也。

食品

人们生在社会上，维持生活主要靠的是吃饭穿衣，即所谓"一日无食则饥，一日无衣则寒"。到汉代，农业生产的五谷杂粮有黍、稷、稻、粱、大豆、小豆、麦、麻、菰等类。其中黍黏的叫作黍，不黏的叫作稷；稻黏的叫作糯，不黏的叫作籼和粳。[1]品种已相当丰富。再加上西汉张骞两次出使西域以后，把中国的铁器、炼铁技术以及凿井开渠的方法传

---

① 《通艺录·九谷考》。

到西方，又把西方的葡萄、苜蓿、安石榴、胡萝卜等食品带回到汉朝，丰富了人们食品的品种，增加了营养。

当时一般农民所饮食的，只是葱汤麦饭。他们的家庭园子里种有葱、韭菜和白菜。后来又从东南亚传来大蒜。当然，冬天已经能够在温室中燃火种菜，那是为统治阶级所享受的。

调味品已有酱和盐豉。食品制作有煎、煮、燔、炙、腌、腊种种方法。炙就是将整个的猪羊，用火来烧烤，烧烤熟后，各人用刀子割下来吃。这是胡貊人的一种食品制作和吃法。①

主食除了粥饭外，就是面粉所制成的饼。饼也称胡饼，是从外地传来的食品样式，炮制方法经过祖国人民改进而发展起来。到汉代，饼的种类已相当多。《释名》卷四说：

> 饼，并也，溲面使合并也。胡饼作之大漫冱也，亦言以胡麻着上也。蒸饼、汤饼、蝎饼、髓饼、金饼、索饼之属，皆随形而名之也。

索饼就是把饼切成细条，好像现在的切面。晋代文学家束皙曾

① 《齐民要术》。

作过《饼赋》说：“弱如春绵，白如秋练，气勃郁以扬布，香飞散而远遍。行人失涎于下风，童仆空嚼而斜眄。”形容了蒸饼不但香气扑鼻，而且颜色洁白漂亮，使人看见就想吃。当然，这是一般平民所吃不到的。后来，做饼又发明了各种各样新的方法和式样，如《齐民要术》上所载的烧饼、馅儿饼（髓饼）等。水引馎饦可能是拨鱼，即馄饨之类。还有用“稻米屑或面粉搦团，可长八寸许，屈令两头相就，膏油煮（煎）之”的膏环，相当于现在的炸麻花和炸油圈（北京称焦圈）。为了纪念战国时代楚国爱国诗人屈原，群众在每年农历五月五日，用“菰叶裹黍米，以淳浓灰汁煮之烂熟”，称为粽子（一名角黍）。其他的种类，就不再一一多举了。

在汉代，豆制品也发展起来。西汉淮南王刘安，和他的幕客们发明“磨豆为乳脂，名曰豆腐”[①]，遂成为人民很重要的食品。

汉代人最喜欢喝酒，酒量也很大，所谓淳于髡一斗亦醉，一石亦醉。《汉书·东方朔传》说：“销忧莫如酒。臣朔所以上寿者，明陛下正而不阿，因以止哀也。”因之汉武帝“复赐酒一石，肉百斤”。当时君臣朋友之间，凡有宴

① ［北魏］杨衒之：《洛阳伽蓝记》。

会，无不举酒相庆，成为社会上的一种礼俗和习惯。就是市集上以及边塞上，买卖田地、买卖衣物布袍，双方必须订立卖地券或卖布袍券，知卷（券）人即作中人的也要沽酒二斗。如《居延汉简考释》卷二所载：

□直长乐里受奴田卅五亩，贾钱九百。钱毕已，丈田即不足，计亩还钱。商人淳于次、孺王兄郑少卿沽酒商二斗，皆饮之。

又：

神爵二年十月二十六日，广汉县二十郑里男子节宽惠布袍一，陵胡隧长张仲孙用，贾钱千三百，不在正月□□□至□□□□□□□正月书符用钱十。时在旁候史张子卿，戍卒杜忠知卷，约沽旁二斗。

考汉代农民所生产的稻、粱、穄、黍、粟，皆能造酒。酿酒的方法，也见于《齐民要术》。

推求汉代人习于豪饮，饮酒虽多，不至过醉的原因有二：第一个原因是酒的质量较薄。据《汉书·平当传》

说："赐当养牛一，上尊酒十石。"如淳注："律，稻米一斗得酒一斗，为上尊；稷米一斗得酒一斗，为中尊；粟米一斗得酒一斗，为下尊。"似乎多是用糯米或者是麦芽糖做的甜酒，即所谓的醴酒（今西安产的稠酒，当是此类——编者注）。《书经·说命》篇记载，西周"若作酒醴，尔惟曲糵"。曲就是"酒母"，发酵过的稻米和麦子；糵是酿酒的原料，即发过芽的谷物。到汉代，酿酒只用曲作引子而不用糵了，酒味是很淡薄的，时间稍长，就变酸变坏，即扬雄《法言》中所说的"日昃不饮酒，酒必酿酸"。而用大麦或小麦做酒曲，加上米麦的原料，用"复式发酵"的方法，经过几蒸几晒，由漏斗中流出蒸馏的酒，酒的质量就醇了。所以到东汉后期，王充《论衡》中说："美酒为毒酒，难多饮。"汉献帝建安时期，曹操发明"九酿制酒"的方法，用曲三十斤，流水五石，米九斛，三日一酿。经过九次蒸晒，已成为清酒。若嫌味苦，增加为十酿，就成为美酒了。所以北宋朱肱《北山酒经》中说："酒以投多为善，要在回力相及。"[1]因为当时的酒性不烈，不致使人过醉。

汉代人饮酒虽多，不致过醉的第二个原因是汉代的升斗较

① 余华清、张廷浩：《汉代酿酒业探讨》，《历史研究》1980年第5期。

近代的升斗量较小，至少可以打个七折。

汉代除了米酒，还有挏马酒（或叫作马酒）。这种酒以马乳制作，是政府赐给大官吏的，平民很少饮用。由于张骞通西域后，葡萄已从西域移植到长安，但使用葡萄制酒，似还在其后。

我国用茶作饮料，流行于东汉。王褒撰的《僮约》中有派童仆到“武阳买茶”的故事，是茶作饮料的较早记载。郭宏《农说》中说：“早采者为茶，晚取者为茗，一名曰荈。”

饮茶是对于人有益处的。东汉末年的名医华佗说过：“苦茶久食，益意思。”《三国志·吴志·韦曜传》说：“曜素饮酒，不过三升，初见礼异，时常裁减，或密赐茶荈，以当之。”

自魏晋以来，晋室南迁，分为南北朝，北朝人喜吃乳酪，南朝人则喜欢茗饮。晋代的经学家王肃北上到北魏都城洛阳，孝文帝待之以上宾之礼。问他乳酪与茗饮哪样好吃？王肃本来是南方人，不习惯于吃乳酪，只好捏着鼻子说：“喝茶怎能比得上吃乳酪，若茗饮者乃酪奴也。”[①] 这只可以证明他趋迎奉承，说出这样的违心之论了。

---

① 余华清、张廷浩：《汉代酿酒业探讨》，《历史研究》1980年第5期。

餐具

在阶级社会里，吃饭穿衣也是有阶级性的，而且等级分得很严。

秦代统治阶级的风尚，一般食品及用具以六种或六样为主，即俗话说的“六六顺”。

到了汉代就由用六而变为用五，用什么东西都是以五数为上，所以主父偃不得意时曾经发牢骚说：“生当五鼎食，死亦当为五鼎烹。”其实是官做得越大，所用的食品种类越多。大概上公的食物要用四十品，侯伯用三十二品，子男用二十四品，士用八品。

长沙出土的西汉漆鼎

盛食物的竹器，圆的叫作箪，方的叫作笥。可以盛各种制作不同的食品，数量甚至多到三十六件。这种风气从战国到秦汉都是一脉相承，而汉代尤为兴盛。从现在发掘的汉墓中用竹笥所贮藏的食品，由其品类的多少，就可以考知其爵位的高低了。一般人民盛饮食，多用竹器，当时叫作算器。只有贵族才能够用铜器和彩画的漆器。①

汉代的贫苦农民整天辛勤操作，只能求得温饱，哪能顾及品种和顿数。只一般比较富裕之户，每天要吃三餐或四餐。班固《白虎通》说："平旦食少阳之始也，昼食太阳之始也，哺食少阴之始也，暮食太阴之始也。"

汉代的食案

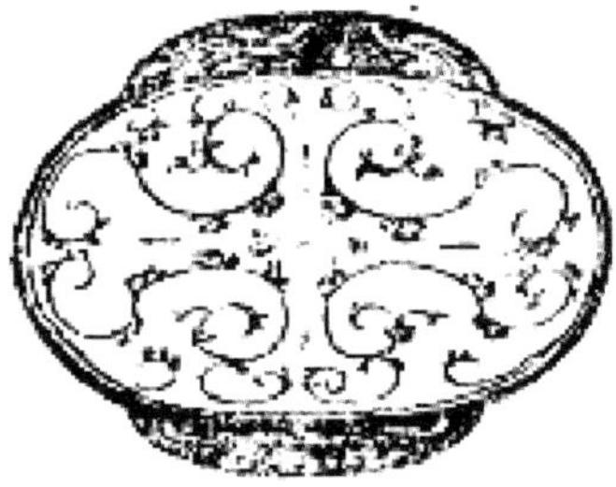

汉代漆耳杯（原名羽觞）

古人吃东西时，早已知道把食物盛在木制的杯里，摆在木制的圆形或方形的食案（盘）上用箸（筷子）夹着吃。有钱的人所用的杯加以金银和彩画，案则涂金，外表非常美观。

饮酒的器具叫作羽觞。盛酒的器具，品类繁多，有卮和

① 《周礼》《史记·郑当时传》。

罍，大的叫作魁。

汉代耿介的官吏，为了表示节俭，“食不重味，案上不过三杯”[①]。至于有钱的人，据《汉旧仪》说：“施丈二旋案，以陈三十六肉，九谷饮食。”垂灯张幕，还有奴婢伺候，轮流传餐，是非常奢华的。

炊事用具中，那时候还没有带釉的陶瓷，主要是用瓦制的陶器。殷周时代，由瓦器发展而为青铜器，瓦器和铜器并用。盛食品的有高座的小盘子，叫作豆和登；大盘子叫作俎，后来又演变为切菜切肉的砧类用具。烹调蒸煮的器具，有鬲和献。做菜煮肉的称鼎和敦。彝和敦一样，彝无足而敦有足。到了汉代才有圆敦，盖圆如瓜，上下皆有三环，在下面的作为足，在上面的便于仰着摆东西，俗名叫作西瓜鼎。[②]及至三国时期，还发明了可以放上鸡鸭鱼肉等五种食品的鼎，叫作五熟鼎。盛粮食的器具，方形（也有圆形的）叫作簠，圆形（也有方形的）叫作簋。还有铜制的大盘子，夏天为了防腐可以置冰，叫作冰鉴。[③]饮酒的杯子，有尊、有爵和斝。取酒

① 《汉书·朱博传》。

② 罗振玉：《古器物识小录》。

③ 陈直：《古器物文字丛考》，《考古》1963年第3期。

和取水用长柄的勺子，割肉和切菜有刀和匕。调五味的器具叫作盉，倒水的叫作匜。可以说是用于饮食的器皿样样具备了。这些器皿的下面大半是都有铭刻，铜器如此，瓦器亦然。

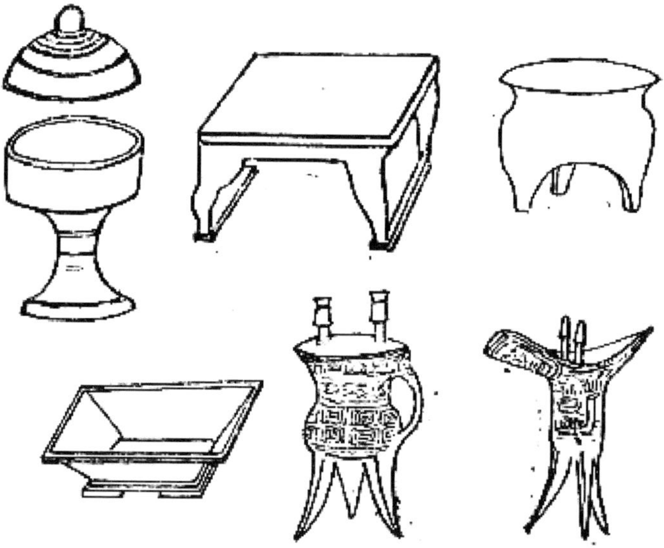

豆、俎、鬲、簠、爵、斝

从战国到秦汉，精美的陶器都是为奴隶主和地主贵族们所享受和使用的，当然有些粗糙的瓦器是农民家常应用的。

战国时瓦器下面刻着“左南郭鬲辛角里口”或“城阳口里潮登”；或刻有“日利”“日利百万”等吉祥的字眼，叫作“陶钵文字”。奴隶领主用宗族的权力，世世代代居住在一个地方，统治其部族，把奴隶们所做的物品据为己有，供自己享用。汉初的东高氏、西高氏，以及用地方来说明族姓，大概就是缘此而起的。

民间习俗

汉代风俗，最重视夏日的伏天和冬天的腊月。人民劳动了半年，在气候变更的时候，一方面要作清洁卫生“祓除不祥”的活动，就是《汉书》上所记载的立秋时节作“貙膢”之祭，来驱除厉疫（猛兽和厉鬼）；一方面在丰收之后作适当的娱乐。所以汉代杨恽报孙会宗的信上说：“田家作苦，岁时伏腊，烹羊炮羔，斗酒自劳。”可见欢度节日的一种景象。又汝南旧俗“十月飨会，百里内县赍牛酒，到府燕饮”。到了岁暮过年的时候，“家家具有肴蔌，谓为宿岁之储，以入新年也。相众酣歌，名为送岁。留宿饭，至新年十二，则弃于街衢，以为去故取新，除贫为富”。至于后汉豪族马放，腊日要宰杀猪羊各三百头，用米五千石[①]，可见地主阶级暴殄天

① 据《时镜新书》。

物、挥霍无度的情况。

地主贵族们不但奢侈浪费，挥霍无度，而且自奉甚厚，对人甚苛，就是待客的饮食也分有等级的。如《后汉书·井丹传》说：“（信阳侯阴就）故为设麦饭葱叶之食。丹推去之，曰：‘以君侯能供甘旨，故来相过，何其薄乎？’更置盛馔，乃食。”又如三国时的名将步骘，未被吴国重用时，和他的朋友卫旌为了求食，乃修刺奉瓜，来求见会稽的豪族焦征羌。征羌为人放纵，良久开牖见之，身隐几坐帐中，设席

辽阳棒台子屯汉墓庖厨宰杀牛羊图（临摹）

致地，让骘、旌坐于牖外。旌愈耻之，骘辞色自若。征羌作食，身享大案，肴膳重沓；以小盘饭与骘、旌，唯菜茹而已。旌不能食，骘极饭致饱乃辞出。旌很生气地责问骘："何能忍此？"骘说："吾等贫贱，是以主人以贫贱遇之，固其宜也。当何所耻？"[①]从这里可看到地主豪族以势凌人的情况。

贫苦的劳动人民终岁辛勤，不得一饱，平时能够吃到麦饭葱汤，那就是过得很好的日子了；若遇到荒年，则只有奔走流离，从关东就食到关中，饮风餐露，衣牛马之衣，吃糟糠之食。

我们再以汉晋时代读书人士引为俭德的事情作为例子，看看当时情况。《东观汉记》记载："闵仲叔，太原人也，与周党相友。党每过仲叔共吟，饭菽饮水，无菜茹。"只是吃豆饭、喝水，连菜都没有。谢承的《后汉书》记载有左雄食干饭，司马苞食漉饭，李固食麦饭，王畅食盐豉菜茹。胡劭为淮南太守，使部下阁外炊爨作干饭。当时的文人学士沽名钓誉，欺世盗名，尚且如此，那么真正的劳动人民的贫苦生活，就更可想而知了。

---

①《三国志·吴书·步骘传》。

四　人民生活中的住行

房屋建筑

我国远古时代，人们穴居野处，后来为避风雨，从窑洞中迁移出来，用辛勤的双手，建筑了房屋；又从土阶茅茨而提高到盖清庙明堂。巍峨的宫阙和美丽的园囿，高楼大厦，飞阁连云。

西安出土的汉代齿轮

古代房屋的营造是由简单而到精致的。盖房子修墙开始是用“板筑”，后来就用经过烧制的砖瓦土墼（甓）。汉武帝时期，在长安杜陵南山下有烧砖瓦的数千人规模的窑场[1]，因而就有非常宏伟壮丽的长安城和长乐、未央等宫殿与陵寝建筑。考古发现的遗物有“层栏叠宇”的支架起来的柱子上的斗拱，有用作建筑房屋的楔形砖石，作为起重转动的铜制轴承、人字形齿轮，以及望若长虹的拱桥和疏通城市内地下污浊脏水作下水道所用的瓦制水管。

一堂二内之制

据《汉书·晁错传》说：“自高后以来，陇西三困于匈奴，然后营邑立城，制里割宅，通田作之道，正阡陌之界。先为筑室，家有一堂二内，门户之闭，置器物焉。”这就是说，一般人家有一明两暗的房子。四川的汉代画像砖上所刻画的富庶人家，除了房屋而外，有小小的庭院。

当然一堂二内，也因贫富而有不同。王充《论衡·别通篇》说：“富人之宅，以一丈之地为内，内中所有，柙匮所羸，缣布丝帛也；贫人之宅，亦以一丈为内，内中空虚，徒四壁立，故名曰贫。”富人所住的房屋，不但是一堂二内，而且是如《淮南子》所说的“高台层榭，接屋连阁”了。

---

① 《后汉书·董卓传》《东观汉记》。

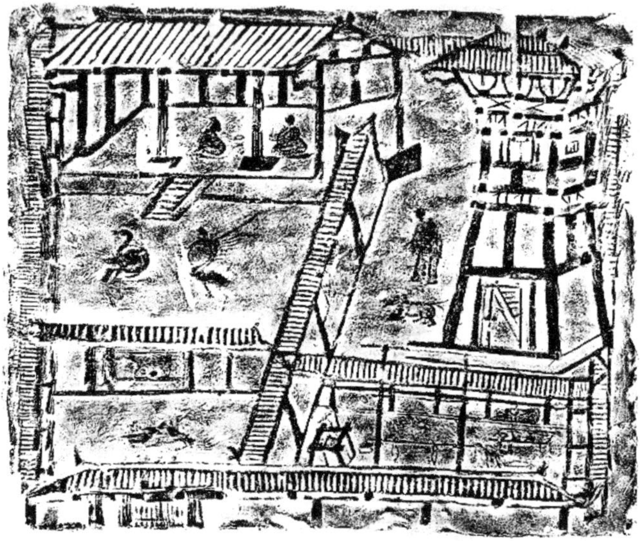

四川汉画像砖上的庭院图

屋内陈设与用具

关于屋内方位形式，据《释名》所记："室中，西南隅曰奥，是不见户明、所在秘奥的地方。西北隅曰屋漏，每有亲死者，辄彻屋之西北隅，薪以爨灶煮沐，供诸丧用，若直（值）雨时则漏，遂名之为屋漏。东南隅曰窔，是幽暗的地方。东北隅曰宧，宧是养的意思，东北阳气始出，布养物也。中央曰中霤［溜］，古者寝（复）穴后室之溜，当今之栋下直室之中，古者溜下之处也。”郑玄注《礼记·月令》说：“中溜，犹中室也。土主中央，古者复穴，是以名室为溜。”我觉得室中央的溜，就是古代人民穴居野处时的火塘。

河南郑州出土的陶住宅（描摹图）

古代钻燧取火，春夏取榆柳之火，秋冬取松柏之火，还有取火于日光的。据《周礼·秋官》司烜注：“天燧，阳燧也，亦名金燧。又以金银为镜，凹其面向日取火，故名鉴燧。”这时候的劳动人民，已经知道由太阳光取火的能源知识。毕竟在古代取火是不容易的，取了火来，必须置诸火塘里，使不易灭。这种情况，到了汉代，虽一般已无火塘，但是取火还是有困难的。如《汉书·蒯通传》说：“……即束缊请火于亡肉家曰：‘昨暮夜，犬得肉，争斗相杀，请火治之。’……”又东汉梁鸿和孟光因为烧饭，家中缺火，孟光欲向邻家乞火，梁鸿急劝她不要去，说：“不因人热。”由此可见汉代取火尚不甚普遍，还不是家家有火的。

灶多摆在东西边的房间里。房间的壁上，还开有窗户，有方形的、长方形的、圆形的。[①]那时，纸还没有普遍应用来糊窗户，富人可能用缣帛、绢布来糊窗户，有施以流苏的绮窗。贫苦农民居住的瓮牖，则只能避风雨，谈不到讲究室内的光线问题。

在室内土地或砖地上，铺的是席子，亦名作莞。莞是用草或蒲苇编成的长八尺见方形的席，因质量优劣不同，有硬席和软席之分。席铺在地上，能够移动。尊贵的客人，一个人可坐

四川汉画像砖上的坐席授经图

① 王仲殊：《汉代物质文化概况》，《考古通讯》1956年第1期。

专席；平常的客人，两三人坐一席。安富尊荣的贵族绅士可累坐八九层席。在学校中，讲学时候，每人坐一席，但主讲人讲得入情入理，驳倒别人学说的时候，就可以夺人之席。如东汉时的学者戴凭，解经不穷，可以重坐五十余席。① 至于一般的寒士，如薛惇则就“坐无完席”了。

屋子里的用具，主要是床。床比较低矮。讲究的人在床周围还设屏风。《汉书·陈万年传》说：“万年尝病，召（其子）咸教戒于床下，语至夜半。咸睡，头触屏风，万年大怒，欲杖之……咸叩头谢曰：‘具晓所言，大要教咸谄也。’”

床的来源和意义，《释名》说：

> 人所坐卧曰床。床，装也，所以自装载也；窄长而卑者曰榻，言其鹖榻然、近地也。

榻是由北方胡地传来的，因为窄长，占地面较小，可以随便移置，即所谓“徐孺下陈蕃之榻”②，客去可以把榻悬挂起来。其后乃有胡床。胡床的制作，始于赵武灵王时。汉武帝

---

①《后汉书·戴凭传》。

②《后汉书·陈蕃传》。

南京晋墓出土的陶坐榻与凭几

喜坐胡床，至东汉灵帝尤喜欢坐胡床，吃胡食（类似吃西餐），胡床才普遍地推广起来。胡床亦作绳床，是可以折叠的，就好比现在的马扎。因为室内有了床榻和胡床，自魏晋以后才由踵足席地而坐，渐变而为垂足而坐的高坐，至唐宋以后才有椅子。

当时没有桌子，只有凭几。凭几是一种窄而长，圆形的凭依物。几的种类有“天子玉几，冬则加绨锦于其上，谓之绨几。公侯皆以竹木为几，冬则以细罽为橐以凭之，不得加绨锦”。[①] 其后才发展为凭依和放置物品等各种各样的用途，甚至可以作为防身的武器。三国时东吴有一名将，孙权欲试其勇，在请其赴宴会的时候，坐立未定，使人暗投以兵器。他措手不及，以凭几御之，时人服其勇。[②]

因为古代在室内是席地而坐，为了洁净，入户时必先脱履和袜。到战国以后才不脱袜而脱履。《周礼·曲礼篇》

---

①《周礼》。

②《三国志》。

说："户外有二人履，言闻则入，言不闻则不入。又侍于长者，履不上于堂。"秦二世胡亥幼年的时候，极为淘气，"秦始皇时，尝诏置酒飨群臣，且召诸子赐食。食已，诸子先罢，胡亥下阶视群臣所脱履有新而美者，皆践败之而去"。[①]这也可作为升堂脱履的证明。当客人来拜访的时候，主人必须蹑履（穿上鞋）出迎。据《汉书·隽不疑传》，"胜之徙履起迎……不疑［盛服］据地"，就是穿着礼服跪在地上。

室内礼仪

宾主进屋，必先伏地再拜行礼，名为"镨（音簪）头"，晋挚虞《决略录》说："小会殿就席，皆镨头而后坐。镨头，伏地也。欲起亦先镨头。"宾主行礼之后，然后就坐。坐亦叫作跽，是把两足踵置于臀下，形同于跪。赵翼《陔余丛考》卷三十一引朱熹著跪坐拜说：

> 古者坐与跪相类。汉文帝（听贾谊的谈话）不觉膝之前于席。管宁坐不箕股，榻当膝处皆穿。诸所谓坐，皆跪也。盖以膝隐地，伸腰及股卷而不安者，跪也；以膝隐

① 《资治通鉴补》。

地，以尻着蹠，而体便安者，坐也。今成都府学所存文翁礼殿刻石诸象，皆膝地危坐。两蹠隐然见于坐后帷裳之下，尤足证之。

若是伸着两腿坐在席上，像南粤王尉赵佗魋结箕踞而见汉朝的使臣陆贾，和后汉河间相沈景“到国谒河间孝王，王不正服，箕踞殿上，侍郎赞拜，景峙不为礼”。这种箕踞簸倚式的坐法，是大不恭敬的。

汉朝统治者对于宾主进屋入座的席位，也是很讲究的。“布席”是有等级的。汉景帝宴会时与慎夫人并席而坐，侍臣爰盎就把慎夫人的席位摆在下面，因为皇帝与嫔妃并坐是不合礼制的。[①]

又《汉书·王尊传》说：匡衡等“会坐殿门下，衡南乡，赏等西乡，衡更为赏布东乡席。起立延赏坐，私语如食顷。衡知行临，百官共职，万众会聚，而设不正之席，使下坐上，相比为小惠于公门之下，动不中礼，乱朝廷爵秩之位”。同在一室内，主坐床上，而客坐床下的席位。例如，《东观汉纪·马武传》说：“马武称疾，见杨政，对几据床，欲政拜床下。政入

①《汉书·爰盎传》。

户，前排武，径上床坐。”这也是不合礼的。

室主人要传餐吃饭的时候，侍女们俯身屈膝，举案进食，络绎不绝。汉代古乐府相和歌辞讥讽这种豪强有势人家说：“黄金为君门，白玉为君堂，堂上置樽酒，作使邯郸倡。”[①] 辽阳市棒台子发现的第二号墓壁画，有宴饮图的画面，正中画两方榻，榻上各坐一人，旁有侍者传递食物。头后用墨笔书“大婢常乐”。两主人坐榻均置于红色帷帐内，红帷高结，朱带下垂，内露五彩短帘，壁右上方高悬一轮明月的外景。从这张图画中，可以知道汉末到魏初，已由席地发展到踞坐方榻，并可以看出统治阶级尽情享乐豪奢的情况。

汉时的广大贫苦大众所住的房屋，几乎是坐无完席，他们虽然仍席地而坐，可是已没有那种繁文缛节了。这种席地而坐的风俗在秦汉以后相当普遍，一直影响到日本和朝鲜。日本人民至今还保留有席地而坐的习尚。

室内装潢

至于室内的装潢和陈设，屋顶上安置着施以文采的天花板叫作承尘，墙壁上画着五彩山水人物，就是后来唐代的

---

① [宋]郭茂倩：《乐府诗集·相和歌辞九·相逢行》。

壁画。墙壁上面还施以壁带。《后汉书·光武十王列传》说："琅邪孝王京……好修宫室，穷极技巧，殿馆壁带（壁中之横木也），皆饰以金银。"曹操就利用壁带张挂张芝所写的草隶（书），以鉴赏草圣张芝的优美书法。屋内起居之间，还设有层层的帷帐和屏风。《后汉书·马融传》说："居宇器服，多存侈饰。常坐高堂，施绛纱帐，前授生徒，后列女乐。弟子以次相传，鲜有入其室者。"座间设有雁足灯和青玉五枝灯。"青玉五枝灯，高七尺五寸。下作蟠龙以口衔灯。灯燃则鳞甲皆动，炳烂若列星，而盈于一室"。为了夜间行路照亮还有行灯。

汉长信宫灯

汉雁足灯

门户上面设有铺首，画着飞禽走兽类或狞猛的人物（就是神荼、鬱垒，以防御妖怪和盗贼，即后来的门神），有的是图案画。门上除了雕画铺首而外，在朱门上设了沤丁（钉）。有朱门当然是贵族住家。沤丁每排是九个，随尊卑地位不同，依次递减。沤丁也被认为是可以防御恶鬼的。门户之外，设有像屏风的罘罳。《释名》说：

罘罳，屏之遗像。汉西京，罘罳合版为之，亦筑土为之，每门殿舍前皆有焉。于今郡国厅前亦树之。

汉画像砖中的铺首

祠堂与厚葬风

封建统治者为了传宗接代，保持其万世罔替的江山，对荣宗祭祖、建立祠堂，也特别重视。《汉书·韦玄成传》说：

> 凡祖宗庙在郡国六十八，合百六十七所；而京师自高祖下至宣帝，与太上皇、悼皇考各自居陵旁立庙，并为百七十六所。又园中各有寝、便殿……

因之形成建立祠堂的风气。皇亲贵族、地主官吏，莫不建立祠堂，以维护其封建宗法传统。

王符《潜夫论·浮侈篇》说："庐舍祠堂崇侈上僭，宠臣贵戚、州郡世家，每有丧葬都官属县各当遣吏斋奉车马，帷帐贷假侍客之具，竞为华观。"这些贵族官僚生前极尽享受奉养，死后还想骑在人民的头上，过骄奢淫逸的生活。他们不但活着要享乐，死了还要上天堂，把这些奢侈品带到地下棺材里去，遂养成厚葬之风。王符还说："今京师贵戚，郡县豪家，生不极养，死乃崇丧，或至金镂玉匣，檽梓楩楠；良家造茔，黄壤致藏，多埋珍宝偶人车马，造起大冢，广种松柏。”这种风气经西汉杨王孙反对厚葬，曾想以身作则举行裸葬[1]，到了后汉统治者觉得奢侈得太不像样子，便下了禁令。但是他们当中的某些人自己不能身体力行，而要叫别人听他们的命令，自然是一纸空文，虚应故事，起不了任何作用。由于厚葬风气盛行，那些奸商负贩，遂有专门制造“桐马偶人”的。“器用如生人的泥车狗马”，雕饰得极为逼真和精细，作为陪葬的用品。

武梁祠石刻阙铭

东汉地主豪门竞相厚葬，成为一种风气，商人负贩就拿这些随葬用品，囤积居奇。地主豪门死了人，要用着的时候就要出高价，才能买到。商人们因之大发横财，真是骇人听闻。[2]《后汉书·赵咨传》中记载，赵咨深感厚葬之非，就说

① 《汉书·杨王孙传》。

② 《后汉书·王充王符仲长统列传》。

道："国资糜于三泉，人力单于郦墓，玩好穷于粪土，伎巧费于窀穸，自生民以来，厚终之弊，未有若此者。"据调查，解放前后全国各地发现的汉墓约有两千多处。魏晋以来史籍上所记载的汉代古墓也是屡见不鲜的，如郦道元《水经注》所记载的：《济水》篇有汉平狄将军扶沟侯朱鲔墓，北有石庙；《洧水》篇有弘农太守张伯雅墓，获小城东有司徒盛允墓碑，延熹中立；《比水》篇有汉日南太守胡著墓；《湝水》篇有汉安邑长尹俭墓；又《济水》篇金乡山有司隶校尉鲁峻墓，水南有汉荆州李刚墓。唐宋而后，汉墓历代皆有发现，到清乾隆以来所发现的山东金乡武梁祠石室的汉画像，孝堂山、两城山的石刻汉画像，河南南阳石刻汉画像，四川成都附近所发现的汉画像砖，乃至长沙马王堆轪侯墓的汉画，和出土的文物，以及洛阳附近所出土刑徒砖，把当时贫富悬殊的现象，豪门贵族奢侈的生活，和劳动人民被残酷压榨的情况，无不如实地反映出来。当然，那些做下里作的贾贩，为投豪门贵族的嗜好，把平日生活用具，甚至淫秽猥亵的图画和玩物，与送葬不相干的东西，也埋葬进去，更可以看见东汉地主阶级奢靡的风气。这些遗留下来的汉代绘画，内容大都是当时的统治阶级为了维护其封建社会的秩序和满足自己的享受和嗜好，宣扬君君、臣臣封建思想和中庸之道的法宝，用来维护封建宗法社会的传统。对于劳动人民，他们则视为统治者的奴仆，使他们从思想上不敢来反抗。男女本来是平等的，可是如班昭作《女诫》，提倡男尊女卑，三从四德，来蒙蔽愚化人民。但是，劳动人民是有志气的，他们在这些绘画中创作了勇于征服自然的灿烂的

汉画像砖中的农猎图

汉画像砖中的捕鱼图

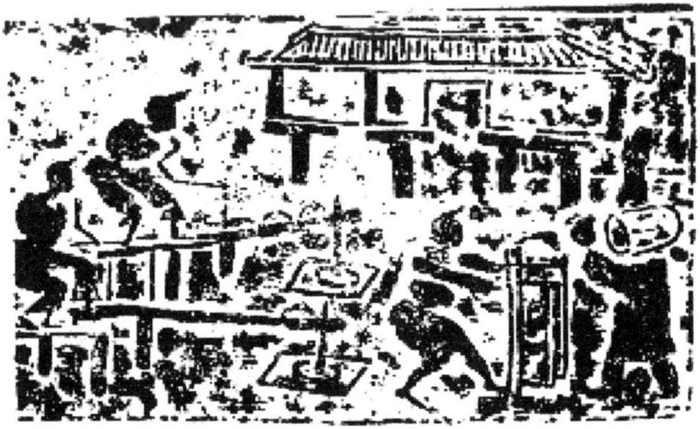

汉画像砖中的舂米图

画面，如羿射九日。此外，有劳动人民耕种、纺织、煮盐、鼓铸等发展生产的图画，使历史上已经被遗忘了而又极为雄伟的可泣可歌的故事，从而在汉代石刻中保存下来。劳动人民创作的精神，于此可以概见了。

首都长安的建设

房屋的建置，连接起来，就成为栉比鳞次的热闹的都市。在汉代，有长安和洛阳两个大的首都。西汉建都于长安，东汉建都于洛阳，即所谓东西二京。其他还有临淄、任城、邯郸、太原、成都、昆明等大的都市，遍及全国。在历史上最有名的长安，城墙总长六十五里，经纬各十五里，城内除了巍峨的宫阙、寺庙、官署、园囿而外，有通衢街肆（大的叫作街，小的叫作里），以及官吏和市民所住的住宅。四周围着高大的城墙，开列了十二个城门。从东南向西北数，第一个门为霸城门，

汉熹平石经残石

门为青色，故又叫作青城门。青城门外有广陵人邵平种瓜的瓜园，瓜味甚美。邵平在秦朝曾封为东陵侯，到汉代成了布衣，以种瓜为业，因之号为东陵瓜。其次就是清明门（藉田门）、宣平门（东都门）、洛城门（高门）、厨城门 、便门（横门）、覆盎门（端门、杜门）、鼎路门（安门）、平门（西安门）、章城门（光华门）、直城门（直门）、雍门（西城门）共十二门。洛阳也建有上东、上西、雍门、广阳、开阳、谷门等十二门。东汉时，在开阳门外建立有大学校，就是“鸿都太学”。太学前刻着有名的熹平（172—177 年）时的石经。每个城门口都设有城门楼，环绕着城门的土台就是后来的瓮城。城外四周围环绕着护城河。我们设想在两千年前，登上长安城门楼四望，可

以看见宫阙崇峙，闾阎扑地。再往远眺，就可以看见幽美的曲江和青翠的终南山，在春暖花开的时候，真是百花斗艳，绿柳荫浓。长安之春何等美丽，引人入胜呀！班固《两都赋序》所谈的“建金城而万雉，呀（音段，大的意思）周池而成渊，披三条之广路，立十二之通门。内则街衢洞达，闾阎且千，九市开场，货列隧分。人不得顾，车不得旋，阗城溢郭，旁流百廛，红尘四合，烟云相连”；张衡《西京赋》所说的“廓开九市，通门带阓，旗亭五重，俯察百隧”。[①] 形容当时繁荣的景象，是很到家的。

《三辅黄图》说：

> 《庙记》云：“长安市有九，各方二百六十六步。六市在道西，三市在道东。凡四里为一市，致九州之人，在突门夹横桥大道，市楼皆重屋。”“旗亭楼，在杜门大道南。”又有柳市、东市、西市，当市楼有令署，以察商贾货财买卖贸易之事，三辅都尉掌之。直市在富平津西南二十五里，即秦文公造。物无二价，故以直市为名。

市肆之外，有住人的八街九陌。大的叫街，长安有香室街，夕

---

① 《昭明文选》。

阴街、尚冠前街等。小巷叫作闾里，“长安闾里一百六十个，室居栉比，门巷修直。有宣明、建阳、昌阴、尚冠、修城、黄棘、北煥、南平、大昌、戚里”等里，万石君石奋就住在长安的戚里。洛阳则有长寿、万岁、上马等街。[①]仲长统《昌言·理乱》篇说：“豪人之室，连栋数百，膏田满野，奴婢千群，徒附万计，船车贾贩，周于四方，废居积贮，满于都城。”[②]这种豪族所居的宅第，与贫民所住的陋巷，可以作贫富悬殊的对比。

这里要附带说及的就是阙。晋崔豹《古今注》说：

阙，观也，于前所以标表宫门也。其上可居，登之可远观，人臣将朝，至此则其阙，故谓之阙。其上皆画云气仙灵，奇禽怪兽，以示四方。苍龙白虎。玄武朱雀，并画其形。

《广志》说：

阙，缺也，门两边缺然为道也。

---

① 佚名：《三辅黄图》等。

②《后汉书·仲长统传》。

这种阙的建筑，不但用之于帝王的宫殿里，而且在陵墓的外边建设有两个石阙或三个石阙。就是官僚地主的住宅庭院，见于四川汉画像砖中的，也设有阙。阙是为了可以登高瞭望、看宅护院的。

除了阙的建筑，还有坞壁。据劳幹《居延汉简考释》说：坞壁，就是边塞上围着烽燧台所建筑的壁垒。实际上，到西汉后期郡国各地方皆建有坞壁。其初是统治者为了保卫边疆设置有坞壁，与储藏食粮财物的邸阁同时并存。《后汉书·西羌

汉画像砖中的凤阙

传》说：“诏魏郡、赵国、常山、中山缮作坞候六百一十六所。”《顺帝纪》：“永和五年九月，令扶风、汉阳筑陇道坞三百所，置屯兵。”后来各地的豪族大姓为了保护其掠夺得来的财产，怕农民造反，无不建立坞壁，派人看宅护院，监视人民的行动，以崇高其威严。《后汉书·马援传》“缮城郭，起坞候”，注引《字林》：“坞，小障也，一曰小城。”在王莽末年，地主大姓就逐渐地建筑起坞壁来。《后汉书·李章传》说：“时赵、魏豪右往往屯聚，清河大姓赵纲遂于县界起坞壁，缮甲兵，为在所害。”又《后汉书·董卓传》说：“筑坞于郿，高厚七丈，号曰：‘万岁坞’，积谷为三十年备。”

汉“郿”字瓦当

自己曾对人说："事成，雄踞天下；不成，守此足以毕老。"虽有这样高厚的坞壁，然终逃不了燃脐的下场。

汉代的贾区，就是市井，或者说是市廛。应劭《风俗通》说："俗言市井者，言至市鬻卖，当须至井上洗濯,令鲜洁,然后市。案二十亩为一井，今因井为市。"在一个市井的贾区，周围设有阛阓，阛是市之墙垣，阓是市之门户，里边开设着店肆。崔豹《古今注》卷上说："肆所以陈货鬻之物也，肆陈也；店所以置货鬻之物也，店置也。"在东、西二京等大都市内，有好些个热闹的贾区和市肆，小县城则仅设有一个贾区。至于村镇上，只有在丘墟的空场上作定时的集会，即所谓趁墟。在四川广汉出土的东汉市井画像砖和新繁出土的东汉市井画像砖，就表现了汉代郡县贾区的具体形象。至于班固所形容的"九市开场"，比这小市井要繁盛得多。从广汉的汉画像中看出，市旁边有楼，楼上置有鼓，凡是开市和闭市的时候，监门的卒吏击鼓，以时启闭。新繁的汉画像中，所画的市井比广汉的要大一些，前一排是肆，是做买卖的房屋，后面的是廛，也可以说是仓库，为贮藏物品的地方。廛设于交通要道的驿站上，为行军储备之用。贮藏粮食物品的大仓库，叫作邸阁，是由官府所建置，见于王国维先生所著的《观堂集林·别集·邸阁考》。在市中心区所建筑的楼阁是管理贾区的"街

汉画像砖上的市场图

弹”所居住的地方。店肆中间行人走路或立而聚谈的地方，就是班固在《西都赋》中所说的“货别隧分”的街市。《周礼》地官里宰注有“若今街弹之室”，疏云：“汉时在街置室，捡弹一里之民。”这等于清末、民国初年的警察和今天的公安部门来维持街道上的秩序，以防发生事故。1930年间，河南鲁山县发现有汉都乡正卫弹碑残石，碑文中有“纪弹之利”语。近人许敬参解释：卫，即《汉书》张晏注“监门军之正卫”；弹，即街弹。我认为卫弹可能是人名，然确有街弹这个设置，因之不能不加以说明。至于长安是汉代的首都，还设有维持地方治安的执金吾这个官职。金吾就是大棒。《古今注》说：“以铜为之，黄金涂两面，谓为金吾。”维持治安巡城的御史手里执着大棒来督责行人，只有到过元宵佳节的时候，叫市民尽情欢乐，看灯游玩，所以叫作金吾不禁之夜。

亭障关隘

都亭和乡亭

长安的十二门外和洛阳的二十四街及十二门设有亭。亭在汉代是一种普遍的设置，在都市所建立的叫作都亭，在乡间所建立的叫作乡亭，或曰邮亭。《风俗通》说：

> 汉家因秦，大率十里一亭。亭，留也。今语有亭留、亭待，盖行旅宿食之所馆也。亭亦平也，民有讼诤，吏留办处，勿失其正也。

《汉书·百官公卿表》说：

> 大率十里一亭，亭有长。十亭一乡，乡有三老、有秩、啬夫、游徼。三老掌教化。啬夫职听讼，收赋税。游徼徼循禁盗贼。县大率方百里，其民稠则减，稀则旷，乡、亭亦如之，皆秦制也。

卫宏《汉旧仪》说：

设十里一亭，亭长亭侯，五里一邮，邮间相去二里半，司奸盗。亭长持三尺板以劾贼，索绳以收执盗。

汉高祖刘邦初起兵时曾做过泗上亭长，“乃以竹皮为冠，令求盗之薛（现代的薛城）治之”[1]。亭的职责主要的是“求捕盗贼，承望都尉”。亭长下面有两名卒，“一为亭父掌开闭扫除；一为求盗，掌逐捕盗贼”“楚东海之间，亭父谓之亭

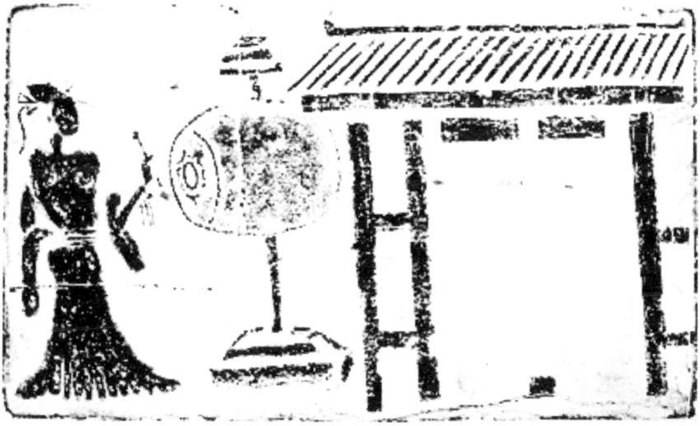

汉画像砖寺门击鼓图

① 《汉书·高帝纪》。

公，卒（求盗）谓之弩父”[①]。刘邦就是被派去戴着竹皮冠追捕盗贼的。汉代的亭长或亭父，一般“皆冠赤帻，衣绛衣，持兵械及绳”。亭长多是由“材官楼船”（工兵和水兵）和年五十六岁以上的退伍军人，回到乡里才得当选。亭长或亭父的职责为课射练武。求盗亦名游徼，也叫作循行（汉画像上有循行这个名词），出去游行查访，刺探人民的行动。附带着我们要说的还有伍伯。《释名》说：

> 五百，本为伍伯。伍，当也；伯，道也，使之导行当道伯中，以驱除也。今俗呼行杖人为五百。

这就说明亭长、亭父的设置，是统治者专为镇压人民和监察人民的行动；而伍伯是专为贵族官吏马前车后执杖举旗跑来跑去供驱使。亭是为统治者往来便利，到处可以供给食宿，而不是为人民的。

亭的建筑规模，至少较一般人民所居住的一堂二内之制的房屋较为大些。都市的亭，且建筑有楼阁，以供官吏住宿，亭壁间画有人物图像，如在王莽时曾为着通缉汉光武帝刘秀的哥

---

① ［东汉］应劭：《汉官仪》。

哥刘伯升，把他的画像悬挂在亭的壁间，作为告诫。又如劝课、农桑时，就在亭的墙面上悬挂训令，立定制度，布告给农民。还画有鸟兽、祥瑞图像之类，可壮观瞻。亭的庖厨里饲养着鸡、豕，以供膳食。亭旁边还立鼓，以警戒出入。我记得有一幅曲阜汉石刻画像上画着一只小狗，在那里听着击鼓。最近在四川彭县汉墓中发现墓砖上有“寺门击鼓”的图画，就更为确切了。

《汉书·尹赏传》如淳注说：“旧亭传于四角面百步筑土四方，上有屋，屋上有柱出，高丈余，有大板贯柱四出，名曰桓表，县所治夹两边各一桓。陈宋之俗，言桓声如和，今犹谓之和表。”颜师古注说：“即华表也。”现在古建筑中尚可以看见这种形象。

汉代亭的设置，东到乐浪，西到居延，是很普遍的。《后汉书·大秦国传》引《汉书》说：“从安息陆道绕海，北行出海西至大秦，人庶连属，十里一亭，三十里一置，终无盗贼寇警。”这种亭当然不是到处建设得都这样的精美。《后汉书·左雄传》说：“见非不举，闻恶不察，观政于亭传，责成于期月。”这是说明统治者修缮亭传是专为着外表的美观来迎接来往的官吏，以夸耀其政绩；而一般平民要得亭长的款待，是没有份的。亭长就是专为着迎接官吏和欺压小民

汉画像砖上的亭长迎候图

的。《后汉书·逄萌传》说：“（萌）家贫，给事县为亭长。时尉行过亭，萌候迎拜谒，既而掷楯叹曰：‘大丈夫安能为人役哉？’遂去之长安学，通《春秋》经。”作亭长的须看来往过客，其行动是否阔绰，或者是否是上边所指定的使亭长接待的官吏。如果行客穿的衣服褴褛就要遭到亭长的青白眼。晋皇甫谧《高士传》说：“桓帝以安车征韩康。康辞安车，乘柴车先行至亭。亭长以征君当过，发人牛修道桥，及见康车，以为田叟也，夺其牛。”又《后汉书·赵孝传》说：“尝从长安还，欲止邮亭。亭长先时闻（赵）孝当过，以有长者客，扫洒待之。孝既至，不自名，长不肯内，因问曰：‘闻田禾将军子当从长安来，何时至乎？’孝曰：‘寻到矣。’于是遂去。”

逆旅

亭既然是专为接待官吏而设的，那么为了其他行人的便利，私人遂设立了逆旅。《太平广记》卷五十九引《集仙录》说：

> 梁母盱眙人也，寡居无子，舍逆旅于平原亭。客来投憩，咸若还家。客还钱多少，未尝有言。

又《汉武故事》记载：

> 上尝至柏谷，夜投亭宿，亭长不纳。及宿于逆旅，逆旅翁谓上曰：“汝长大多力，当勤稼穑，何夜行动众？此不欲为盗则淫耳。”上默然不应。因乞浆，翁曰：“正有溺，无浆也”。

以此深刻地嘲讽了忝居人上、游手好闲的统治者。

当时各地方的官吏除了住宿于邮亭，还侵占了私人所经营的逆旅。应劭《风俗通》说："大匠应慎上言：'百郡计吏，观国之光，而含逆旅，崎岖私馆，贡篚之物，朽湿暴露'。"

大概逆旅这种设备，其来甚久，始于秦汉，到了晋初仍普遍地流行，"时以逆旅逐末废农，奸淫亡命，多所依凑"。晋武帝想把它废除掉，改为"十里置一官樆，使老小贫户守之"。潘岳上疏谏曰：

> 谨按逆旅，久矣其所由来，行者赖以顿止，居者薄收其值，交易贸迁，各得其所，官无役赋，因人成利，惠加百姓，而公无末费。语曰："许由辞尧之命，而舍于逆旅。"魏武诗曰："逆旅整设，以通商贾……近畿辐凑，客舍亦稠，冬有温庐，夏有凉荫，刍秣成行，器用取给，疲牛必投，乘凉近进，发槅写鞍，皆有所憩"……凡此皆客舍之益，而官樆之所乏也。[①]

从这篇文章中，颇可以看出当时逆旅的情况。

---

①《资治通鉴补》卷八十一。

驿

《释名》说“驿马三十里一置”。所谓“三十里一置”，置就是驿，也可以叫作邮。许慎《说文》：“邮境传书舍也。”《风俗通》：“汉改邮为置。置者度其远近之间置之也。”大概是十里一亭，三十里一驿。为了传递文书，还设有驿马。《后汉书·酷吏王温舒传》记载：“（王）温舒为河内太守，令县具私马五十匹为驿，自河内至长安，凡三十里有驿，举天下为千六百三十九驿。”这种亭驿几乎遍及全国。从长安一直到西域的海西，以及国内重要交通地点，都设有亭驿。

烽燧之制

为了保卫边陲，防御敌人入侵，要塞还设有烽燧，即所谓亭障之制。在西域边区，建立烽燧，驻扎军队，建筑了坞障，如同小城一般。坞外边四周围皆埋有尖木桩，作为防卫的障碍物，叫作“虎落”。守卫烽燧的官吏，有戊已校尉和候官，他们率领大批戍卒，每月支领现金和谷物，并可带家属，家属也领有赡养的费用，如居延汉简有《戍卒家属廪名籍》。但是戍卒守卫、出征，家属只能在烽燧坞壁之内。徐苹方著有《居延考古发掘的新收获》，载于《文物》1978年第1

新疆罗布淖尔烽火亭复原示意图

期，可以参考。

《汉书·贾谊传》说："斥候望烽燧不得卧，将吏被介胄而睡。"《后汉书·马成传》说："（成）缮治障塞，自西河至渭桥，河上至安邑，太原至井陉，中山至邺，皆筑保壁，起烽燧，十里一候"。《东观汉纪》说："隧候之事虽殊，其地则一也。"又《后汉书·王霸传》说："将弛刑徒六千余人，与杜茂治飞狐道，堆石布土，筑起亭障，自代至平城三百余里。"

关隘

各要害地区还设有关口。在汉代，为了保卫首都长安，在华山之东的崤函地带，设有函谷关，在关以东叫关东，以西叫

玉门关遗址

关中。身居关中，靠近都城，就觉着很为荣幸。汉武帝时楼船将军杨仆，南征北战，自以为立有大功，耻为关外之人，就请政府把函谷关由现在河南灵宝县迁移到河南新安，由西往东移关约三百里。[①] 在汉代国都的东北部沿着秦代的长城，设有居庸关（居庸关在汉代还是一个水陆交通的道路），西北部设有嘉峪关。出西域的要道上还设有玉门关和阳关。

凡是来往行人，经过关者，必须持有通行证，当时叫作传。《后汉书·礼仪志》说："传以木为之者谓之棨，以帛

① 《汉书·杨仆传》。

为之者谓之繻。”汉魏以后用纸做的叫作过所。在西域边区屯戍的士卒，到市场上去买卖应用的物品，必须经过烽燧上官吏的许可，领取符传。据《居延汉简》（编号36、3）上记载：“官封符为社市贾□（区）……过鸣河里广地为窥私市张掖酒泉。众□行合已□□……门鄣河津金关毋苛止录后便敢言之。”这可见当时符传的形状。屯戍的戍卒入市买物尚须持许可证，那么一般人士的入关更需要持通行证了。如今发现汉代士大夫和一般人民过关，所持符信的样子叫作“棨信”，由士卒高插在棨戟上，以便把守关口的戍卒可以看见，取此昭信，而便于检查。西汉青年军事家终军从江南到长安，经过函谷关，就把他所持的繻去掉，显示了求取功名入关的决心。[①]

《说文解字》说：“燧，塞上亭守熢火者也。”又说：“熢燧，候表也。边有警则举火。”是燧指亭燧的建筑，而熢（烽）指其所举的候表。燧常就亭而设置，每燧相去之间约十里。在城鄣（郭）里复加筑燧台以通烽火。据《通典》烽燧篇称：“台高五丈，下阔二丈，上阔一丈。”台面广丈四尺。就是上面所说的亭障之制。从近人劳榦《居延汉简考

① 《汉书·终军传》。

释》所编次整理的敦煌诸候隧的名称，如玉门都尉下有大前都候官，西部候下有富昌、广武、步昌、凌胡、厌胡、广昌、大前都七燧，就可以知道当时在地理上候燧位置的分配。烽燧的形状，《汉书·贾谊传》文颖注："边方备胡作高土橹（为无顶之屋），橹上作桔皋，桔皋头兜零，以薪草置其中，常低之，有寇即火燃举之，以相告曰烽。又多积薪，寇至即燃之，以望其烟曰燧。"又张宴注："于昼举燧，夜举火也。举燧有四种方法：一曰表，或作熢，以缯布为之，色赤与白；二曰烟；三曰苣火；四曰积薪。"《通典》兵五说："城上立四表以为候视，若敌去城五六十步，即举一表，冲梯逼城举二表，敌若登梯举三表，欲攀女墙举四表。夜即举火如烽。"《唐六典》："凡烽候所置，大率相去三十里，其放烽有一炬、二炬、三炬、四炬者，随贼多少而为差焉。近畿烽二百七十所。"到了唐代，边塞上每日初夜放烟一炬，谓之平安火。唐代诗人杜甫的诗句"夕烽来不近，每日报平安。塞上传光小，云边落点残"[①]，描写日暮烽火的形象，真是精细入微了。

---

①《杜工部诗集》卷六。

交通运输工具

在汉代，全国除了设有亭障邮传，还辟有广阔的大道，即所谓驰道。驰道由长安到各郡国，四通八达，虽不能说是路的两旁“隐以金椎，树以青松”，可是由西南部的益州，“东至京师，去就安隐（稳）”，东北可以直抵幽燕。[①]登到长安的城楼上，可以远望去赵国邯郸的要道。[②]汉景帝的宫妃才人们，有许多是燕赵佳人、邯郸歌妓，常登到宫阙的城楼上，在苍烟迷茫中遥望邯郸的家乡。东西各地的货物，云集京师，燕赵巴渝的歌舞，都来到都下，这都全凭车马和其他水陆交通工具了。

陆路交通运输工具

交通工具是逐渐发展起来的。当西汉初年，丞相还只能乘牛车，自汉武帝时通西域以来，大宛的骏马，所谓汗血天马来到长安，在国内迅速繁殖起来。《汉旧仪》说：

---

①《史记·贾山传》《汉鄐君开褒斜道摩崖刻石》。

②《汉书·张释之传》。

太仆牧师诸苑三十六所，分布北边西边，以郎为苑马官，奴婢三万人，分养马三十万头，择取教习。给六厩牛羊无数，以给牺牲。

民间也有养私马的，还有驴、骡、骆驼，多用之于骑乘和驾车。[1]到后来，也都成为载重行远的工具。

汉陶牛车

汉代的马车与牛车是有所区别的。马车是一种小车，用以载人；牛车是一种大车，用以载物。到了汉末，天下大乱，兵马仓皇，马数骤减，牛车之用渐广，遂代马车而做乘人的车。这种牛车修饰得很为讲究，而且安稳，一般仕女们都喜欢乘牛车，于是汉末洛阳河边上，就看见那些游手好闲的士大夫

① [西汉] 陆贾：《新语》。

们乘着牛犊车去游春了。[①]

汉代车的种类是很多的，当时乘车也有等级的，所谓“建其斿旐尊卑，上下各有等级”[②]。《后汉书·舆服志》记载，皇家御用的有玉辂、乘舆、金根、安车、立车等类。都市内一般官吏以及市民所应用的有轺车、辎车和骈车。原来汉代的车有立乘和坐乘之分，轺车就是一种立乘轻便的车子。《汉书·平帝纪》说：“立轺并马。”是两匹马拉的车子。服虔注说：“轺音遥，立乘小车也。”《释名·释车》说：“轺，遥也，遥望也。四向远望之车也。”但是近来发现的汉石刻或砖刻画像轺车也有坐乘的，因为轺车四面没有帷帐，就是坐着也可以眺远的。后来又发展而为两面有扶手横板的轺车，叫作施耳轺车。轺车是一种无顶的敞篷车，若是遇到下雨，就没有办法，所以在车厢当中设一如伞的车盖，安插在车厢的中间，有雨可以避雨，无雨可以遮太阳，并随时可以取放下来。《周礼》夏官疏说：车盖有两种意思，一为御雨，一为表尊，就是分别等级，显示尊贵。平常的车盖高大约三尺，大官僚们，如河内太守黄霸，皇帝为了表示对他的重视，命他所坐乘轺车

① ［南朝宋］刘义庆：《世说新语》。

② 《后汉书·舆服志》。

汉石刻画像辎车桥行图

武梁祠汉画像鼓吹车

汉木轺车复原示意图

的车盖高一丈[1]，比寻常的车盖要高三倍。车盖既然可以取下来，在途中遇见朋友的时候，就可以坐在一起用来遮太阳，彼此谈心，所以在当时有“白首如新，倾盖如故”的谚语。至于有篷可以载重、可以卧息的车，就是辎车和軿车。《释名》说：“辎、軿之形，有邸曰辎，无邸曰軿。”邸就是后辕，因为四面都有屏蔽，所以《释名》又说是“妇人所乘牛车

①《汉书·黄霸传》。

也”。汉代的安车就是辎、軿车的一种。还有一种轻车，就是用于战争的戎车。车上无盖，中心竖立大斧的叫作斧车。还有武刚车，也是作战用的车辆。《汉书·卫青传》说：“青令武刚车自环为营，而从五千骑，往当匈奴。”在军队中特设有一种车身狭而长的快车，叫作追锋车。《资治通鉴》卷七十四载：“司马懿疑京师有变，乃乘追锋车昼夜兼行，自白屋至洛阳四百余里，一宿而至。”

总之，车辆的使用大有贫富悬殊的区别。桓宽《盐铁论》散不足篇说：“富者连车列骑骖贰辎軿”，“中者微舆短毂，烦尾掌蹄。”中人之家犹且如此，贫苦的农民就无法乘车了。

在西汉晚期，劳动人民创造发明了用人力推着走的独轮车，叫作鹿车。《太平御览》卷七七五引《风俗通义》说：“鹿车窄小，裁容一鹿也。”史树青认为：在我国井上汲水多用辘轳，或称鹿卢，是轮轴类的引重转动器，那么鹿车就是一个有轮轴的车，应劭所解释的未免有些望文生义了。这种见解是正确的。因为这种鹿车不用牛马而能行走，一个人可以推运，所以俗称这种车为不吃草的牛（木牛），能流转的马（流马）。[①] 诸葛亮在西蜀与蒲元、廖立集体研究，为了解

---

① 史树青：《有关汉代独轮车的几个问题》，《文物》1964年第6期。

决山区崎岖山路的运输问题，就采用这种独轮车，于是传说诸葛亮发明了木牛流马，而实际上是积累劳动人民经验而创造出来的。当时贫寒的读书人坐不起辎軿，就多乘这种鹿车。《后汉书·列女鲍宣妻传》："宣之妻桓氏与宣共挽鹿车归乡里。"又《后汉书·独行列传·范冉》："冉遭党人禁锢，遂推鹿车载妻子，捃拾自资，或寓息客庐，或依宿树荫，如此十余年，乃结草室而居焉。"晋刘伶常着袒服而乘鹿车。若是连鹿车都没有的，则只有自己挑着担子行路。《后汉书·赵孝传》说："孝常白衣步擔（担），从长安还止邮亭。"贫寒士人生活尚且如此，那么劳苦大众行路就更难了。

汉画像独轮车

水上运输工具

汉代造船业已相当发达。汉朝政府在长安设立有船司空，为官营手工业专门造船的机构。唐王勃《滕王阁序》说："舸舰迷津，青雀黄龙之舳。"青雀、黄龙都是汉晋以来所使用的船名。

在军事上用的有楼船，汉代杨仆曾做过楼船将军。狭而长的小船叫作艨艟，以为冲突敌船之用。在江上航行最快的叫作赤马船，船身是正赤色，其快如马，这就是沿及到明代所使用的大红船，也叫作满江红。[1]撑船的船夫穿黄色衣服，戴黄色帽子，通常称为黄头郎。[2]

当时造船已经用粮食的重量来估算舟船的载重量。《释名》卷二十五释船说：五百斛以上还有小屋，曰斥候，以视敌进退也。三百斛曰䑼。䑼，貂也，貂短也。江南所名短而广、安不倾危者也。二百斛以下曰艇。艇，挺也，其形径挺，一二人所乘行者也。如近来在长沙汉墓中所发现的木船模型，棹达十六个，至少有二十人才能驾驶。广州汉墓中发现的

---

① [清]魏崧：《壹是纪始》卷二十，舟车类"满江红始于明"条。

②《汉书·枚乘传》注。

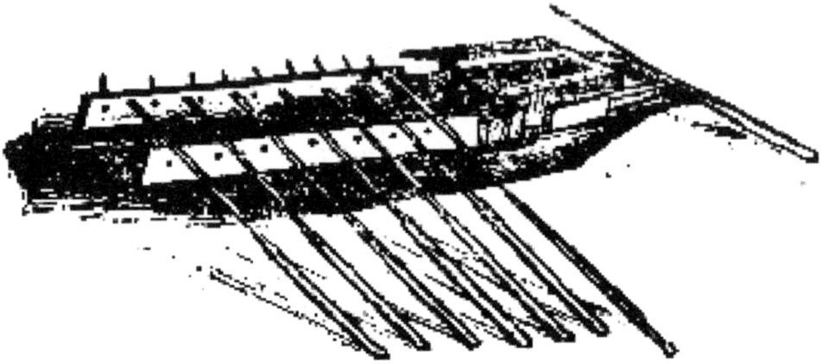

汉代木船复原图

汉陶舟

陶舟模型，舟尾有舵，舟首有锚，舟上设有颇多的舱房，看来可以航海。①

在汉画像砖上，还有画着钓鱼的小舟，漂荡水上，颇有悠然的神气。又《后汉书·邓训传》说："令长史任尚将之，缝革为船，置于箄上以度河，掩击迷唐庐落大豪。"可知今天我

① 王仲殊：《汉代物质文化略说》。

国西北黄河上游所用的皮筏子，是由汉代流传下来的。

总之，在汉代，我国人民的物质文化生活包括衣食住行等，确实相当发达。这都是当时劳动人民自己创造的。但是我们看到，在封建社会内等级制度很严，处处待遇不公平，地主官僚住的是高楼大厦，吃穿是锦衣玉食，劳动人民却住的是蓬户瓮牖，吃的是粗粒糠秕，衣不蔽体。劳动人民衣不得暖，食不得饱，顾不到在居住和交通等项问题上发展其积极性。千百年来，劳动人民在最低的条件下过日子，是苦不堪言的。由于阶级压迫，人身不得自由，加重了时代的局限性。我们回顾历史，明了“大辂之制，始于椎轮”，后继之人要继承先业，更向前发展，把社会更往前推进一步。若是光对在古代坟墓里发现的帝王将相奢侈的用品赞叹不止，而没有注意到当时封建社会贫富悬殊、不平衡的现象和劳动人民的杰出创造精神，那就不是以主人翁自居，就是被统治者牵着鼻子走了。为了发扬祖国文化的传统，正如郭沫若同志所说“加强自己的劳动，为今天和今后，创造出更新更美的世界”，是颇为正确的。

五　文化艺术

古代先民在日常生活中和经过长期劳动后，觉得需要把自己所见到的事物记录下来，于是逐渐产生了早期雏形的写生画和象形文字。他们在劳动当中，考察形势，寻求事理，提高认识，推动生产不断发展。他们在生产实践当中，观察事物最为真切，有真正的爱，也有真正的恨，有天真烂漫的思想感情，所以对一些事物和自然界美丽风景的感情流露极为自然。为了抒发感情，就要写字、绘画，还要唱歌、舞蹈，编成许多故事传说，就成为文学和艺术了。历代中外文学家、艺术家所写出来的脍炙人口的作品，就是继承了劳动人民的创作，经过集中、提高而成功的。

汉字的新发展

我国古代人民将狩猎得来的野禽野兽的肉，摆在一个木架子上，预备食品，从汉代画像石上就可以看到整个猪的肉排列挂在木架子上的形象。这就逐渐形成了古代象形的字。木架下面专责一个人来记数，那就是字所以能够形成的根据了。和合起来，就是字，即今天历史的“史”字的象形字。史就是管理狩猎物品的小吏。

象形字后来就演变而为复杂的甲骨文字，和钟鼎盘盂铭刻的篆字。因为时代相隔久远，甲骨文和钟鼎文就已很难认识了。到了春秋战国时期，各国诸侯纷纷兴起，称王称霸割据一方。各地方上的风俗和文化，也因为关隘隔阻而有所不同。所以，东方各诸侯国和西方各诸侯国的文字，虽然都是大篆，写法却不相同，尤其是后起的楚国的文字和西方秦国的文字，区别相当大。秦朝统一中国以后，所谓“车同轨，书同文”，用秦国所习用的小篆，废止各国使用的大篆。文字既然统一，写法也较有规矩，使用起来就比大篆较为便利。由于篆字笔画繁复，一般人不容易认识，用来记录事物、书写文件，还是不甚便利，所以，笔画繁多的小篆字便改为笔画较省的隶书。隶书也叫八分书。到后汉，隶书又演变为草隶（草隶即章草，因为是汉章帝时所兴起的）。《晋书·卫恒传》说："程邈为（秦）衙狱吏，得罪始皇，幽系云阳十年。从狱中作大篆，少者增益，多者损减，方者使圆，圆者使方。奏之始皇，始皇善之，出以为御史，使定书。或曰邈所定，乃隶字也。"因此传说隶字是程邈所作。我认为这种说法是不甚确当的。清段玉裁注许慎《说文解字》叙说："据《汉书·艺文志》：是时始造隶书，起于官狱多事，苟趋者易，施之于徒隶也。"又卫恒说："汉兴而有草书，不知作者姓名，至章帝时，齐相杜度号善作篇。"这是说明隶书和草书（章草）都是当时人民所创作，官吏、狱徒因为写起来便利而习用下来的。把隶书归之于程邈，草书归于章帝时的杜度，就可说是数典忘祖了。文字之兴起，必须是为了书写便利，容易普及，而书法的优美尚在其次。书法不在笔画的繁简，凡是适用的总是优美的。晋钟繇《隶书势》说："鸟势之变，乃惟佐隶，蠲彼烦文，崇此简易，焕若星陈，郁若云布。"尤其是刻石镂金的手工业者，为了刻镂的便利，往往把繁体字改写为简体字。有些地主阶级的文人们说汉魏六朝的碑刻里多别字，清赵之谦曾著有《六朝别字记》。其实不是什么别字，就是当时的简体字，从汉代金石铭刻里可以证明这一点。如汉代尚方镜铭里有"朱鸟玄武顺阴羊（阳）”，“阳”省写为“羊”。石刻中刻的“大吉羊”（祥）省写为“羊”。铜华镜铭“湅治铜华清而明”，“铼”省写作“湅”。角王镜铭“昭此明镜成快意”，“照”省写作“昭”。又石刻和镜铭中，万寿之“壽（寿）”字，有省写作“受”字的。汉石刻中像这种例子很多，不胜枚举。又汉代手工业者为了书写数目字便利，一般人记账是用筹算记数的号码的。在居延汉简中，发现有筹算的记数号码，一作一，二作二，三作三，四作三，五作亖，六作丄，七作𝍯，八作𝍰，九作𝍱。这种写法与宋元算草中的写法完全相同，但和近代的写法很相近。[①]可见在清末阿拉伯记数字尚未普遍使用以前，一般市民所用的所谓“苏州号码”，早已应用于汉代了。

我国古代文字创造含有六种意义，即所谓“六书”。据许慎《说文解字》叙：“六书”的程序：

第一是指事，就是把眼睛可以看见的事情，用符号记录下来。比如用一代表地平线，在一上加一画如二，就是上字；一下加一画如二，就是下字。

第二是象形，就是把可以看见和接触到的实物画出来。如

① 于豪亮：《居延汉简考释》，《考古》1964年第3期。

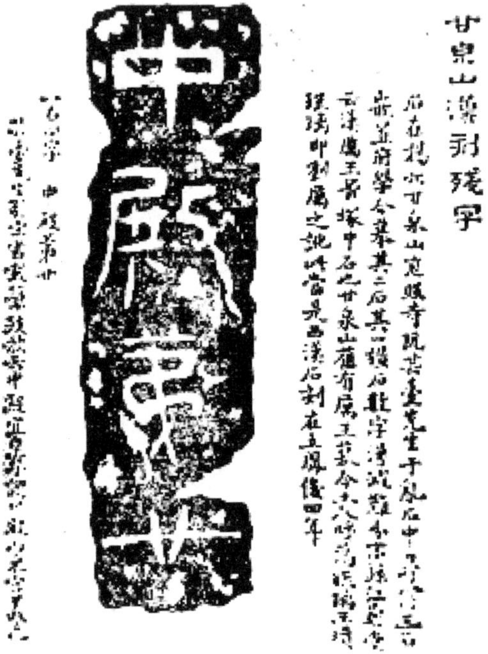

西汉甘泉山中殿刻石残字

劳动人民在田野里工作，首先可以看见的就是太阳和月亮，因之就把太阳画成字，把月亮画成字；地上的水，就依水纹形象画成字，或字；水中有鱼，就画成字，也有画成字的；水中有船就画成一个字。象形文字，表达事物是最明确的，也是最原始的文字。

古代绘画是从象形发展而来的。在周口店的山顶洞中，可以看到几千万年以前劳动人民所刻画的人物和舟船，以及动物的形象。就是最近在河南巩县发现的山洞中，还有刻画的动物如鱼类的图形。又如宋代书画家米芾被贬官，带着眷属从汴梁到陈留，住在矮小如舟的一间小屋子里。他给当时另一个书家蔡襄写信时，在书信当中就画了一艘小船，形容他所居住的湫隘，把不能用文字表达出来的真挚感情用图画绘画出来。[①]

上古，人们从实践中摸索出用画线条的简易方式画出素描式的动物和图案画。到了周秦以至于汉初，绘画和雕刻的工力益臻完善，如流传下来的商周陶器，周秦时期的钟、鼎、盘、盂等青铜器，以及秦汉的瓦当等类器物上镌刻和彩绘的花纹，都能反映自然界的现象，如云纹、布纹、席纹、雷纹、饕餮纹、如意纹、三角纹、蚕纹等类的花纹，以及狩猎鱼鸟等各种劳动的画面。器物的各种各样的形式，布饰花纹的部位，也逐渐有了讲究。例如，盛酒的爵，既可以插花又可以盛酒的觚，和盛食品的献上，刻画的花纹，有的摆在中间，有的在上部，有的在下部；圆形大腹瓦缶等类罐子，为了引人注目，有的将花纹摆在中间，有的陪衬在左右侧面；瓦制的灶，有的把

---

①［明］毛晋：《苏米志林·米元章》。

花纹或生物的图像画在上面的平面上，有的画在立体显著的地方，看去非常适宜和美观，即所谓“不着一字，尽得风流”。[1]

工艺美术

到了汉代，制作工艺美术品已有千百万的手工业工人。这些手工业工人，多数来源于刑徒，有些是从农民中分化出来的。在劳动生产之中，逐渐出现了如丁缓、李菊等大量的巧工和雕刻家。像武梁祠的题记所说：“良匠卫改，雕文刻画，罗列成行，摅骋技巧，委蛇有章。”同时出现了如毛延寿、陈敞、刘白、赵岐、刘褒等著名画家。及到三国时期，吴兴人曹不兴，是当时一位出色的画家。孙权叫他画一张屏风，他偶然误滴了墨，就画成一只苍蝇。孙权以为是苍蝇落在屏风上了，拿手指去弹它，原来是画上去的[2]，可算画得惟妙惟肖了。从这方面来看，可以说是由周秦到汉代，绘画艺术技巧进展的过程中，从线条技术发展，由米字形交叉的长方格，而画成多种类型的图案画，象征自然界天地日月以及静物、动物各

① 雷圭元：《画案基础》。

② ［唐］张彦远：《历代名画记》。

种类型的状态，又发展而为人物以及动植物写实的画像。无论画一个老虎或一群车马，或打猎的猎手与老虎搏斗的场面，或随从与车马疾行的骑士（伍百），或手中迎风飘荡的旗帜，无不是栩栩如生、神气活现，表现了民间艺人创作的精妙。

从流传下来的汉代石刻和砖刻画来看，画的人物是真实地反映了当时的客观情况，但也有些涉及奇形异兽、鬼神迷信的画面。

这些画主要的缺陷往往是在石刻上把画面画满，不留空白的余地，而画的人物故事拥挤在一起，层次颇为混乱。除了较小的画砖上空白处较多，形状较为分明外，至于大幅的石画上，刻画的内容往往繁复，没有作整体布局的考虑，所以层次就不能井然，画意也难以突出了。到了东汉后期，随着技术的提高，就慢慢地纠正了这种缺陷。例如，辽阳市棒台子第二号墓壁画所刻画的宴饮图中，在室内悬挂有帷帐，在窗帘外面，有高悬一轮明月的外景。又如四川蓬山一带所发现的后汉三国时期的砖画的庭院图、庖厨图，庭院图中画出住室房屋之外，没有其他的亭阙，围着短墙，院内还种着几株杨柳。庖厨图内画着烹调宰割的形状，层次分明，陪衬极为相宜，看了不致枯燥无味。这是民间艺人别出心裁地把绘画艺术推进了一步。

壁画及石刻砖刻画像

这里我们可以附带谈到汉代的壁画。在汉代，上自朝堂殿阁、衙署厅室，到旗亭酒店，甚至民间的屋舍，大都有彩色画像。像汉代皇宫里，就有甲观画堂，画着古帝王像。蔡质《汉官典职》说："明光殿省中，皆以胡粉涂殿，紫青界之。"据王延寿《鲁灵光殿赋》说："图画天地，品类群生，杂物奇怪，山神海灵，写载其状，托之丹青。"《汉书·景十三王传》说：广川王殿门有成庆画短衣大裤长剑之像，在屏风上则画有列女的画像，上面叙述班昭的《女诫》。

统治者为什么热情于画各种人物故事的画像？是值得注意的一件事情。他们的目的，当然是为着享受和娱乐，尤其是为了维持封建社会的秩序。三国时曹植曾说过：

> 观画者见三皇五帝，莫不仰戴；见三季暴主，莫不悲惋；见篡臣贼嗣，莫不切齿；见高节妙士，莫不忘食；见忠节死难，莫不抗首；见放臣斥子，莫不叹息；见淫夫妒妇，莫不侧目；见令妃顺后，莫不嘉贵。是知存乎鉴者，图画也。"[①]

①《全上古三代秦汉三国六朝文·曹植画赞》。

所以诸葛亮由蜀进驻滇池以后，“益州、永昌、牂牁、越嶲四郡皆平，亮即其渠率而用之。”附录云：“乃为夷作图谱，先画天地日月、君长城府，次画神龙……后画部主吏乘马，幡盖巡行安恤。又画牵牛负酒、赍金宝诣之之象，以赐夷，夷甚重之。”[①] 除了画天地日月、神龙和历代帝王将相的故事，还画当时的从龙功臣。这种图画从庙堂推广到各地方的官署。如汉光武帝建立东汉，即所谓“中兴”，就在灵台麒麟阁上画了中兴二十八将图像，又在郡府厅壁上同样地画了当地官吏的画像。应劭的《风俗通》说：“尹，正也。郡府听事壁诸尹画赞，肇自建武，讫于阳嘉，注其清浊进退，所谓不隐过，不虚誉，甚得述事之实。后人具瞻，呈以劝惧。”这种风气从而又发展到边境。《后汉书·西南夷传》说：“益州刺史梁国朱辅好立功名。”因是“郡尉府舍皆有雕饰，画山神海灵、奇禽异兽，以炫耀之”。

当时知名的人士，也有人为他们画像的。如东汉文学家蔡邕，为人有风采，因之“兖州、陈留闻皆画像而颂焉”[②]。这是因为自从东汉的首都由长安迁到洛阳，南阳是刘秀发迹的地

① 《资治通鉴补》卷七十。

② 《后汉书·蔡邕传》。

方，河南遂成为政治中心和经济繁荣的重要地区。山东的任城、兖、沂和四川的成都、广汉，是生产富庶的地方，画像之风也特别发达。画像之风，东北推广到辽东，西北到河西走廊，西南到滇池，东南到扬州广陵。

尤其要说明的，汉代工业主要的是官营手工业，私人手工业作坊为数不多，因之其生产品不占重要位置。官营手工业制造纺织品的，宫廷中则有东西织室，地方上则有襄邑、临菑和四川广汉的服官；制盐、铸铁的则有各地的盐官和铁官；制造铜器和镜子的则有尚方令丞；烧窑制造陶器的则有都司空令丞等。官营手工业设置的目的主要是为着统治者的享受，并不是为着人民的应用。而且官营手工业主要是生产供应豪门贵族赏玩的奢侈品，它们往往是费百人之力仅制造出一幅彩画和刻镂精美的铜镜，同时在器物或石刻上画上帝王将相、神怪离奇的故事，提倡迷信神仙、长生不老，以维护封建秩序和道德，来麻醉自己，愚弄人民。所以我们在石刻、铜器、漆器上，可以看到各样绮丽的图画，而铭刻了如“大富贵”“大吉羊”“宜侯王”，以及“尚方作竟真大好，上有仙人不知老”“万世昌，乐未央，辟五兵”等吉祥和迷信的语句。汉代还培养了一批专门为统治者服务的有技巧的工人师傅，并有一批如毛延寿等以绘画为职业的画师。

民间雕塑

由于社会上所好尚，当时就有专门制造器物和买卖玩具的商店。王符《潜夫论·浮侈篇》说：“丁夫世不传犁锄，怀丸挟弹，携手遨游。或取好土作丸卖之于（为）弹，外不足以御寇，内不足以禁鼠。”又说：“或作泥车、瓦狗、马骑、倡优诸戏，弄小儿之具，以巧诈。”不仅是送葬用品，也是为活着的人玩耍而做的。这都是商人迎合地主豪门的嗜好而制造出来的玩具，乃至无益而有害的物品。所谓：“始作俑者，其无后乎？”这与劳动人民的手工业者是毫不相干的。劳动人民的手工业者不但创造了物质财富，制造出来了生产的工具，而且别具心裁地发扬了文学和艺术。就从地下发掘出来的汉代遗物和石刻上的画像来看，当时的劳动人民中的艺术家，以豪迈的气魄，刻画出了各种各样的图像，景物当中还画出了阶级的不同和贫富悬殊的对比；不仅将劳动人民耕田、纺织、鼓铸、制盐、种芋、狩猎、打鱼等辛勤劳动的场面表现出来，还将贫民向地主仓库里交纳租粮，地主向农民索债以及权势豪门凶恶的面貌也暴露出来。这无异口诛笔伐！劳动人民创造的精神是何等的伟大呀！

民间的歌谣谚语

劳动人民在生产活动当中，要记录工作程序，总结收获经验，把工作进行得更为完善，不但要会写字和绘画，而且为了表达其真挚的胸怀，抒发其被统治者压迫得抑郁不平之气，以及心中愉快和烦闷的各种感情，就把所见所闻编成顺口的话句，说出来或唱出来，那就是歌谣和谚语，也就是口头创作了。宋郭茂倩《乐府诗集》卷八十三，解释杂歌谣词说："言者心之声也，歌者声之文也。情动于中而形于言，言之不足，故嗟叹之，嗟叹之不足，故永歌之。歌之为言也，长言之也……累累乎端如贯珠，此歌之善也。"这种歌谣和谚语，内容和形式是什么？我们可以说，歌谣就是指民歌。《尔雅》说："徒歌谓之谣。"徒是空的意思。徒歌就是清唱，是不用乐器伴奏的唱歌，可以道出人民的习尚。因之《韩诗章句》说："有章曲曰歌，无章曲曰谣。"由这种无章曲的歌谣（徒歌）而加上了章曲，或另选了些词句，被之于管弦，"因歌而造声"，就成为乐府的诗歌了。至于"谚"字，刘勰《文心雕龙》说："谚者直语也……廛路浅言，有质无华。"明杨慎说："谚，俗论也。"俗论就是民间的俗语，因之就可以说是人民的口头创作。有韵的就是谣，无韵直说出来的，就是谚。还有农民心里对于统治阶级怀着不满的情绪，不敢公然讲出来，私下互相传说的，叫作咙（原作“陇”）。汉代《城上乌》的歌谣中有：“吏买马，马具车，请为诸君鼓陇（咙）胡。”“请为诸君鼓陇（咙）胡”，也可以说是“请为诸君鼓喉咙”[①]，这也是歌谣的一体。因为人民所作的谣谚，出语自然，讽刺深刻，纯粹是人民心中所愿意说的话，就如风声天籁，金石和鸣。那些没有深厚感情的地主文人是说不出来的。

谣谚语调自然，没有那样文雅，经过文人雕琢和加工，就发展而为诗歌了。明杨慎说：“贾人之铎，可以谐黄钟；田夫之谚，而契周公之诗。信乎六律之音，出于天韵，五性之文，发为文章。有不待思索勉强者，此非自然之诗乎！”清宋长白说：“汉魏乐府诗歌，强半近于歌谣，起伏断连，自有草蛇灰线之势。六朝声口韵秀有意为文，似之而实远，唐人组织秾丽，人巧胜，天工薄矣。”[②]道出了乐府诗歌起于歌谣的来源和甘苦，说的是正确的。但是民间流传的歌谣，因为时代

---

① ［明］杨慎：《升庵外集·古今谚》。

② ［清］宋长白：《柳亭诗话》卷一。

久远，互相传抄，走了原样，有的经过文人的修饰，一首歌谣，就有两三种不同形式，有的甚至是地主阶级的文人篡改过的作品，必须加以分辨。鲁迅先生说：最明显的例子是汉民间的《淮南王歌》，同一地方的同一首歌，《汉书》和《前汉纪》记的就两样。一种是：

> 一尺布，尚可缝，一斗粟，尚可舂。兄弟二人不相容。

一种却是：

> 一尺缯，好童童；一升粟，饱蓬蓬。兄弟二人不相容。

比较起来，好像后者是本来面目，但是否已经删掉了一些，也是说不定的。[1]鲁迅先生指出的民间歌谣真挚处的所在，和分辨真伪的道路，是正确的。这首歌谣是当时人民讽刺汉代所谓“文景之治”时有名的汉文帝、淮南厉王兄弟二人尚不能相容的故事，撕破了封建统治者所谓友爱、仁慈的假面

① 鲁迅：《门外文谈》。

具。[1]这里再举一首沈德潜《古诗源》所载在汉代以前流传最早的一首歌谣。内容是：

日出而作，日入而息；凿井而饮，耕田而食。帝力于我何有哉。

在这首古歌谣里，说明了劳动人民是凿井耕田，发展生产，辛勤劳作，征服自然的主要力量，和他们反抗统治者压迫的思想。“帝”可以说是指上帝，也可以说是指当时的封建统治者。“从来就没有什么救世主，也不靠神仙皇帝，要创造人类的幸福，全靠我们自己”[2]，所以说“帝力于我何有哉”！民间的歌谣和谚语，意思是真诚的，内容是丰富的，都是结合着实际，从劳动生活当中耳听目验产生出来的。

我们姑且不分谣谚，而且把金石上铭刻的词句，去伪存真，去其糟粕，存其精华，把统治者明显地所加上去的都勾

---

① 据《汉书》载：淮南厉王长，高帝少子。长废法不轨，汉文帝不忍置于法，乃载以辎车“处蜀严道邛邮，遣其子、子母从居”。长“不食而死”。后民有作歌歌淮南王。文帝闻之，乃追尊淮南王为厉王，“置园如诸侯仪”。

② [法] 欧仁·鲍狄埃：《国际歌》。

掉，综合起来，民歌和谣谚约可以分为占验晴雨、常说格言、描述大自然现象、讽刺和揭发统治者的压迫、抒发人民胸怀，以及彼此相和等几大类。

1. 占验晴雨类

农民种植庄稼，要占验风雨，因此大略地识别了天文地理的现象，初步掌握了科学技术的经验及知识。明杨慎《升庵外集·古今谚》曾把古人有参考价值的谚语集在一起，而把古人诗词出于谚语的附在后面。我且不谈古人的诗词，而主要的是把谚语摘抄在下面：

月如弯弓，少雨多风；月如仰瓦，不求自下。

朝霞不出市，暮霞走千里。

乾星照湿土，来日依旧雨。

照泥星出依然黑，烂漫庭花不肯休。

日没胭脂红，无雨也有风。

霜凇打雪凇，贫儿备饭瓮。

秋甲子雨，禾头生耳。

雨洒上元灯，云掩中秋月。

河射角，好夜作；犁星没，水生骨。

春寒四十五，贫儿市上舞；贫儿且莫夸，且过桐子花。

舶棹风云起，旱魃深欢喜。

蜻蜓鸣，衣裘成；蟋蟀鸣，懒妇惊。

天河东西，浆寒衣。

三月昏，参星夕，杏叶盛，桑叶白。

以下采自《四民月令》：

杏子开花，可耕白沙。

贷我东蔷，偿我白粱。

杨慎又把汉崔寔著《四民月令》中的农谚另列为一条，我把上面已经重复的不抄，而把有用的摘抄于下：

麻黄种麦，麦黄种麻。夏至后，不没狗。（言种麻贵在夏至前）

但雨多，没橐驼。五月及泽，父子不相借。

子欲富，黄金覆。（谓秋后种麦曳柴壅麦根也）

智如禹汤，不如常耕。

云行东，车马通。云行西，马溅泥。云行南，水涨潭。云行北，好晒麦。

未雨先雷，船去步归。

鸦浴风，鹊浴雨。

春甲子雨，乘船入市。夏甲子雨，赤地千里。秋甲子雨，禾头生耳。冬甲子雨，风雪千里。

稻秀雨浇，麦秀风摇。

雨打梅头，无水饮牛。

又清魏崧著《壹是纪始》载老农经验语，有：

月色青，雨倾盆。月色黄，龙骨忙。（龙骨是水车）

鸡早上栖，大雨满溪。

猪蛇渡河，当夜滂沱。（天河中有黑气，似猪蛇往来，主当夜有雨）

日珥抱，立雨到。

这部书里所引用的农谚，多半与杨慎《古今谚》相同，而且不注出处，多为汉以后的谚语，所以就不多引了。

农民积累了毕生耕作中总结的经验，从客观实践中证明与气象台上所测验的效果有时颇相吻合，因之到现在还是有参考价值的。

2. 常语格言类

农民和手工业工人在两千余年封建地主阶级剥削压迫之下，虽然受到统治者用儒家的伦常道德以及迷信思想所束缚，但是劳动人民是最英勇而有智慧的，不屈不挠地与统治者作斗争。他们以“横眉冷对”的大无畏气概，怒斥统治者，以“做人要做什么样的人”来要求自己。这虽然是纯朴的家常语句，确实是至理名言。现将杨慎《古今谚》所记录的较为真挚而似乎是未经文人粉饰的语句抄录如下：

惑者知返，迷道不远，

白刃交前，不顾流矢。

白头如新，倾盖如故。

井水无大鱼，新林无长木。（《盐铁论》）

白璧不可为，容容多后福。（《后汉书·左雄传》）

猛虎不处卑势，劲鹰不立垂枝。

中规不密，用坠祸辟。

上求材，臣贱木；上求鱼，臣干谷。

山川而能语，葬师食无所；肺腑而能语，医师色如土。

足寒伤心，民怨伤国。

有病不治，常得中医。（《汉书》）

以贫求富，农不如工，工不如商。刺绣文，不如倚市门。（《史记》）

贵易交，富易妻。（《后汉书》）

作舍道旁，三年不成。（《后汉书》）

使口如鼻，终身不失；使口如耳，终身不殆。思无垢，忍无辱。（《说苑》）

屠者食藿羹，造车者多步行，鬻扇之翁手降暑。（《新论》）

取官漫漫，怨死者半。（《风俗通》引里谚。杨慎说：“罢软之官，反害物也。”）

狼子野心。（《越椒子》）

水至清，则无鱼；人至察，则无徒。（《汉书·东方朔传》）

以管窥天，以蠡测海，以莛撞钟。（《史记》作“以管窥天，以隙视之”）

千人所指，无病而死。（西汉王嘉引里谚）

人所歌舞，天必从之。（《后汉书·冯衍传》）

峣峣者易缺，皎皎者易污。阳春之曲，和者必寡，盛名之下，其实难副。（后汉李固《遗黄琼书》）

几事不密，祸倚人门。（《后汉书·鲍永传》）

利令智昏。（《史记·虞卿传赞》）

长袖善舞，多财善贾。（《史记·蔡泽传》）

桃李不言，下自成蹊。（《史记·李将军广传赞》）

《史记》中所引用的古谚还有：

蓬生麻中，不扶自直；白沙在涅，与之俱黑。

上面所举的这些谚语，有戳穿统治者的阴谋诡计和世俗庸人的常态的，有概括劳动人民的英勇气概和处理事物的明辨机智的，有指出劳动人民做人的方向和处世方法的，有反映群众的观念和知难而进、决没有倒退思想的。当时比较进步的文人已引用了这些名言，使文章画龙点睛，大生光彩，至今仍值得我们学习。

3. 描述大自然类

劳动人民在广阔的天地里，深刻体会到祖国山河的壮丽和优美，以乐观的情绪描写鸢飞于天、鱼跃于渊的活泼泼的景色和风光。如《乐府诗集》卷八十六描写长江三峡（《水经注》也有此记载）："两岸连山，略无阙处，重岩叠嶂，隐蔽天日，非到亭午夜分不见日月。其中有滩，名曰黄牛滩，江湍纡回。”船行了一天又一天，晚上还可以看见黄牛滩。古代路过这里的行人，就作了一首歌谣说：

朝发黄牛，暮宿黄牛，三朝三暮，黄牛如故。

“自黄牛滩，东入西陵界，至峡口一百余里，山水纡曲，林木高茂。猿鸣至清，山谷传响，泠泠不绝，行者闻之，莫不怀土（想家）”。在那里打鱼的渔人，就作了这样的歌谣：

巴东三峡巫峡长，猿鸣三声泪沾裳。
巴东三峡猿鸣悲，猿鸣三声泪沾衣。

在三峡中行舟最危险的地方是滟滪堆，古代行路的人就作了这首歌谣来告诫行人：

滟滪大如马，瞿塘不可下；
滟滪大如牛，瞿塘不可流。

全国解放以来，清除了滟滪堆的障碍，长江上游的航行已畅通无阻，符合祖国人民千百年来的愿望了。

描写北地沙漠风光的歌谣，如北齐斛律金曾作过一首《敕勒歌》，虽然时代较晚些，也可以作为一个例子。原歌本来是用鲜卑语写的，把它翻译了过来，仍不减汉代歌谣的色彩。歌词是：

敕勒川，阴山下，天似穹庐，笼盖四野。天苍苍，野茫茫，风吹草低见牛羊。

描写祖国漠北的风光，是何等的苍茫雄壮呀！

至于描述江南水乡的，古代就有一首以“江南”作为题目的歌谣：

江南可采莲，莲叶何田田！鱼戏莲叶间，鱼戏莲叶东，鱼戏莲叶西，鱼戏莲叶南，鱼戏莲叶北。

这首歌谣描写江南水乡池塘内无数的小鱼在莲花下游来游去，真是活泼有趣。六朝人所作的古诗《江南弄》和唐宋人的诗词《江南好》与《忆江南》，都是导源于此的。

4. 抨击和讽刺时政类

劳动人民的爱和憎是鲜明的，对于统治者哪个是好人，哪个是坏人，哪个是稍差，哪个是穷凶极恶的分子，都了然于胸中。在统治阶级的压榨之下，他们并不是敢怒而不敢言，而是以坦率的性格、朗爽的语句，作公开愤怒的指刺。他们有的在统治者的淫威下，虽然不便作愤怒的声讨，也互相在作喁喁的私语，以表达疾恶如仇的胸怀。他们公开指责和讽刺汉初的灌夫拥有大量的陂地田园，家累数千万，食客数十百人，横霸颍川。当时老百姓作了一首《颍川歌》说：

颍水清，灌氏宁；颍水浊，灌氏族。①

又如后汉顺帝时，大奸臣梁冀变乱朝政，杀害忠良，当时就有童谣说：

直如弦，死道边；曲如钩，反封侯。

在后汉桓帝时，政治腐化，统治者横征暴敛，激起了凉州兄弟民族的反抗，朝廷命将出师，每战常败。人民愤怒不过，就作了首《小麦谣》：

---

①《史记·武安侯灌夫列传》。

小麦青青大麦枯，谁当获者妇与姑，丈夫何在西击胡。吏置马，君具车，请为诸君鼓咙胡。

“鼓咙胡”，上文已提及。据沈德潜《古诗源》注说：“鼓咙胡，不说公言，私咽语也。”

还有一首讥刺汉桓、灵时政治腐败，卖官鬻爵的《城上乌》的童谣：

城上乌，尾毕逋，公为吏，子为徒。（其义父既为军吏，其子又为卒徒，往讨胡人的意思）一徒死，百乘车。车班班，入河间。河间姹女工数钱，以钱为室金为堂（指灵帝的母亲，宫称永乐，好聚敛钱财）石上慊慊舂黄粱。梁下有悬鼓，我欲击之，丞相怒。

这首童谣，指斥统治者，语词隐晦，似在可解与不可解之间，也是鼓咙胡一类的歌谣。汉代明显指斥统治者的歌谣，如前汉成帝时的：

邪径败良田，谗口乱善人。桂树华不实，黄爵（鹊）巢其颠。昔为人所羡，今为人所怜。

这是汉朝将亡，王莽将兴时，抨击时政的。

在前汉时河南汝南旧有鸿隙大陂（水库）浇灌的田地极为肥美。当时有一个贪官翟方进，因为得不到陂中的良田，就把陂中的堤防决了，因之农民就托诸黄鹄编了这首童谣：

坏陂谁？翟子威（方进的别号），饭我豆食羹芋魁。反乎覆，陂当复。谁云者？两黄鹄。

公然揭露统治者的罪行的，如前汉元帝时宦官石显与仆射牢梁、少府五鹿充宗互相勾结，把持朝廷权力，当时人民就编了一首《牢石歌》：

牢邪！石邪！五鹿客邪！印何累累，绶若若邪！

汉成帝时，外戚王逢、王谭、王商、王根、王立等五侯同时并封，大起宅第，豪华已极。当时老百姓就作了《五侯歌》：

五侯初起，曲阳最怒。（王根）坏决高都，连竟外杜。土山渐台，象西白虎。

到了后汉桓帝时，宦官单超、具瑗、左琯、徐璜、唐衡当权，同日封侯，朋比为奸。当时人民就编了一个《四侯谣》：

左回天，具独坐，徐卧虎，唐两堕。

在汉献帝时，人民对董卓恨之入骨，就编了一首《董逃歌》：

承乐世董逃，游回郭董逃，家天恩董逃，带金紫董逃，行谢恩董逃，整车骑董逃，重欲发董逃，与中辞董逃，出西门董逃，瞻宫殿董逃，望京城董逃，日夜绝董逃，心摧伤董逃。

人民恨不得他立刻死去，又编了一首《京都谣》：

千里草，何青青！十日卜，不得生。

千里草为董，十日卜为卓。人民痛恨之极，真是所谓“千夫所指，无病而死”了。

汉桓帝时的大奸臣胡广，因为依附梁冀，专以温柔、谄媚取宠，官做到丞相。当时京师的人民就作了一首谚语嘲笑他说：

> 万事不理，问伯始（胡广的别号）。天下中庸，有胡公。

可见中庸之道是万事不理，最误人的。

还有痛斥当时选举秀才孝廉制度的不良，及官吏贪赃枉法、贻害人民的歌谣，如：

> 举秀才，不知书。举孝廉，父别居。寒素清白浊如泥（音涅），高第良将怯如黾（音灭）。

应劭《风俗通义》载有指斥贪官污吏的里语（歌谣）说：

> 县官漫漫，冤死此半。（《太平御览》第二二八卷）

可见，凡是毒害人民、违背人民意志的，人民就憎恨他。如东吴孙皓时要从建业（今江苏南京）迁都武昌，就遭到人民断然拒绝，遂编了这首童谣：

宁饮建业水，不食武昌鱼；宁还建业死，不止武昌居。

人民的意志是非常鲜明的。

可是也有称赞当时官吏的歌谣，如歌颂渔阳太守的《张（堪）君歌》：

桑无附枝，麦穗双岐。张君为政，乐不可支。

歌颂蜀郡太守的《廉叔度（范）歌》：

廉叔度，来何莫（暮）？不禁火，民安作。平生无襦今五裤。

我认为这都是指着当时的农业生产而言的，太守张君和廉君并不是作为主题的。至于汉桓帝时歌颂莱芜长范冉的《范史云歌》：

甑中生尘范史云（冉），釜中生鱼范莱芜。

这是一首歌颂范君廉洁的歌。

以上所举的几首谣谚，无论是赞美和讥讽，都观点鲜明，而且深刻，值得人们深思，因此流传下来的颇多。[①]我觉得这类诗歌谚语有些是地主阶级文人模仿农民歌谣的口气而作的，遂开了后汉地主阶级文人为了提倡清议、月旦人伦的风气。

5. 抒发人民胸怀类

悲欢离合是人生之常情。劳动人民从切身感受中自然地抒发出来的感情，和反映这种感情的歌谣，最容易感动人。这类歌谣有的直述自己的感触，有的是相和歌词。由于是真情流露，故出语自然，绝无矫揉造作的虚情假意。所以说，郑、卫之音比清庙、明堂之诗要高明得多了。汉代的镜铭，我们读起来就有这种感觉。如秋风镜铭：

> 秋风起，予志悲；久不见，侍前稀。

相思镜铭：

> 君有行，妾有忧；行有日，反无期。愿君强饭多勉之，印天太息长相思。毋久……（下阙）

---

① 参考［宋］郭茂倩：《乐府诗集》、［明］杨慎：《古今风谣》、［清］沈德潜：《古诗源》。

佳人镜铭：

清湅（炼）铜华以为镜，昭（照）察衣服观容貌，丝组杂遂以为信，清光（曾）宜佳人。

这几首镜铭，写得都很诚挚。[①]据《古今注》说：古代有一老翁提壶乱流而渡，其妻追之不及，作了一首《公无渡河》之曲，也坠河而死。这件事被朝鲜津卒霍里子高听见了，归告其妻丽玉，丽玉伤之，乃作箜篌而写其声，名叫《箜篌引》。这是一首彼此相和的歌词，原来的歌词是：

公无渡河，公竟渡河！堕河而死，当奈公何！

又《薤露歌》：

薤上露，何易晞；露晞明朝更复落，人死一去何时归？

---

① 罗振玉：《汉两京以来镜铭集录》。

这首歌曲虽然过于感伤，然流露了真实感情。《悲歌》的歌词则就豪壮了，歌词是：

悲歌可以当泣，远望可以当归，思念故乡，郁郁累累。欲归家无人，欲渡河无船；心思不能言，肠中车轮转。

古乐府中，抒情的歌谣是很多的，大都是劳动人民从不同的悲欢离合的境遇当中表达出来的，但其中有的诗歌写得很文雅，恐怕是经过文人润饰的，如《艳歌行》：

翩翩堂前燕，冬藏夏来见。兄弟两三人，流宕在他县。故衣谁当补？新衣谁当绽？赖得贤主人，览取为我组（绽）。夫婿从门来，斜柯西北盼。语卿且勿盼，水清石自见。石见何累累，远行不如归。

又《董娇娆歌》：

洛阳城东路，桃李生路旁。花花自相对，叶叶自相当。春风东北起，花叶正低昂。不知谁家子，提笼行采桑。纤手折其枝，花落何飘扬！请谢彼姝子，何为见损伤？高秋八九月，白露变为霜。终年会飘堕，安得久馨香？秋时自零落，春日复芬芳。何时盛年去，欢爱永相忘？吾欲竟此曲，此曲愁人肠。归来酌美酒，挟瑟上高堂。①

汉代人民抒情的诗歌，我所抄的这些，也不过是乐府曲海当中仅尝一脔。总之，劳动人民文学诗歌的创作是丰富多彩的，是文学艺术的源泉。地主阶级的文人学士，别看他们写得怎样高明，而导源溯流，多取材于取之不尽、用之不竭的人民大众的文海之中。如唐代诗人杜甫所作的《大麦行》："大麦干枯小麦黄，妇女行泣夫走藏，东至集壁西梁洋，"以及《兵车行》："车辚辚，马萧萧，行人弓箭各在腰；爷娘妻子走相送，尘埃不见咸阳桥。"等名句，都是由上面所引的《小麦谣》脱胎而来的。古乐府诗有："暂出白门前，杨柳可藏乌。欢作沉水香，侬作博山炉。"唐代诗人李白用其意衍为《杨叛儿歌》："君歌杨叛儿，妾劝新丰酒。何许最关人，乌啼白门柳。乌啼隐杨花，君醉留妾家。博山炉中沉香火，双烟一气凌紫霞。"写得何等生动！唐代《竹枝词》《柳枝词》，也是由巴渝（今四川）的民歌演变而来的。唐代刘

① 《古诗源》。

禹锡所作的《竹枝词》有："杨柳青青江水平，闻郎江上踏歌声。东边日出西边雨，道是无晴还有情。"[①] 虽然词意双关，然未免流于纤巧，比古代的民歌出于纯朴自然者，要略差一筹。至于宋人的词，都是由于旗亭酒壁所唱的曲子而演变出来的。元曲更是元代通俗的作品。在明代，有人说明朝没有什么特殊的文学；若说有的话，那么民间的歌曲《挂枝儿》和《打枣竿》，可算是有特殊风格的作品。虽然是句戏言，却含有至理。[②]

① 参考《乐府诗集》《丹铅总录》。

② ［明］谢肇淛：《五杂俎》。

六　歌舞及文娱活动

汉代歌舞渊源

诗词歌赋多出于旗亭酒壁之间。劳动人民由口头创作、手舞足蹈而形成文学艺术。

宋人郭茂倩说："言者心之声，歌者心之文。"就是说，劳动人民在工作完了休息的时候要唱歌，即使在劳动中间，搬运时为了把繁重的东西移动或推向前进，就前呼后吁，自然地编成顺口溜式的"号子"（歌曲）；在田里，插秧播种的时候要唱秧歌；到了粟麦登场，庆丰收的时节，还要扭秧歌舞。至于男大当娶，女大当嫁，到了结婚的年龄，所谓"有女怀春，吉士诱之"的时候，在幽静的林泉月下和美好的自然界风光里，不但要唱歌，还要跳舞。元周慧孙《乐府诗集·序》说："良以乐之为乐，非曰弹丝鸣竹，钬金击石，然后谓之乐。凡羁穷愁闷，欢忻愉怿，出于口而成声者，皆乐也。”所以当人生悲欢离合之际，为了发抒其胸怀，表现其情思，说出心中所要说的话，“遂为千古至文”。因之后来就有《子夜》歌，《竹枝》《柳枝》曲调，或用歌舞表现其心声，已具有歌舞的雏形了。

歌曲产生的初期，是用本地方的语言和本地方乡音作辞调，舞蹈起来也像狩猎、插秧、捕鱼的动作，踏的是人们在当时当地劳作行动的步子，具有本地风格和色彩。人们看起来、听起来最熟悉，能够容于心而会于目，起了可以兴、可以感、可以怨的作用。所以在春秋战国时期，生产发达的都市则有秦歌、赵舞。汉宣帝时杨恽答孙会宗的信上说：“家本秦也，能为秦声；妇赵女也，雅善鼓瑟。”赵国都城是邯郸，邯郸歌舞远近闻名，“学步邯郸”即人们走路都要学邯郸的步伐。同时，燕赵慷慨悲壮的易水之歌，也闻名一时。在祖国北方的大平原上，除了东部各国的讴歌，黄河以北的郑卫之音，江南苏州一带有吴歈（吴歌曰歈），淮河南北荆襄地区还有西调（所谓楚歌）等。自秦统一中国不久，汉起而代之，秦声逐渐消沉。汉高祖刘邦的部下多半是楚人，楚歌楚舞一度兴盛起来，占了上风。由于交通逐渐便利，以勇猛著名的巴渝歌舞和幽雅柔媚的越讴越舞，也来到了当时的首都长安。

我国自古以来就有以金石、丝竹、匏土、革木制成伴奏歌舞的乐器。后来精益求精，又发明创造了鼓、缶、埙、篪、琴、瑟、竽、笙等。中原人民还吸取了各兄弟民族及邻国友邦的经验，制造了箜篌、羌笛和胡琴。除乐器外，把整套的乐曲移植了过来。在汉初，如凉州的歌曲，于阗的舞乐和龟兹的音乐，都流传于中原，而中原的音乐、诗歌传播到各兄弟民族中，融会贯通，而形成了汉代人民的歌舞和音乐。①

在春秋战国时期，歌唱的名手，就有秦青、薛谭和秦娥等。秦青和薛谭歌唱起来，可以“声震林木，响遏行云”。齐国女歌唱家秦娥歌唱的声音非常清脆悠扬，响彻云霄，“余音绕梁，三日不绝”。她唱的歌，能令人忧，又能令人喜。当她被人凌辱的时候，“因曼声哀哭，一里老幼悲愁垂涕，相对三日不食”。群众把她请回来，她“复为曼声长歌，一里老幼，喜跃抃舞，不能自禁，忘向之悲也”。宋人的词牌子“忆秦娥”，就是因此而起名的。

汉初，歌唱的名手有宋容华。武帝时，协律都尉李延年把从西域传来的《摩诃兜曲》重新改造，编为新曲二十八

① 参考《乐府诗集》《通雅·乐舞》。

解。汉代的所谓“黄河名倡”，就是民间音乐家。当时就有丙彊、景武等歌唱名手。[①]《楚辞》等书所记述的迎神送神之曲，想必有其舞蹈的形象。汉末晋初，有浙江会稽的女巫章丹、陈珠“装服甚丽，善于歌舞。甲夜之初，撞钟击鼓，间以丝竹……在中庭轻步徊舞，灵谈鬼笑，飞触跳拌，酬酌翩翩”[②]的记述，说明了当时歌舞的盛状。

巫觋问题

歌舞和音乐本来是劳动人民所创作的，可是王国维先生说：“歌舞之兴，其始于古之巫乎。巫之兴也，盖在上古之世。”[③]他的这种说法盖本于明朝的杨慎。杨慎《丹铅总录》卷九说：“女乐之兴本于巫觋，在男曰巫，在女曰觋，在上古已有之。”这种说法，也不无其道理。因为原始公社末期，劳动人民忙于渔猎耕种，不得不有分工，如审量天气的晴雨、季节的旱涝、祓除不祥、打扫清洁卫生等有专人从事。《后汉书·礼仪志》说：三月“上巳，官民皆

① 参考《乐府诗集》。

②［唐］房玄龄：《晋书·夏统传》。

③ 王国维：《宋元戏曲考》。

絜［通“潔（洁）”，清洁］于东流水上，曰洗濯祓除去宿垢疢（灾）为大絜。絜者，言阳气布畅，万物讫出，始絜之矣”。原始社会的人民因为生产水平限制，缺乏科学知识，尚不能正确认识和克服自然灾害，以为自然灾害和生活中的不幸是鬼神的安排，故不能不委诸巫觋来进行占卜祈祷、用音乐舞蹈来敬事鬼神。正如《诗经》所说：“东门之枌，宛邱之栩。子仲之子，婆娑其下。”就可以看出巫觋歌舞的形状。科学的原始仍出于迷信。就像道家的炼丹一样，化学上氢与氧的分析方法，乃从炼丹而出。晋代葛洪所著的《抱朴子》虽然是道家的书籍，可是所记载的事情，接近于朴素的唯物论，尤其是在医学的防止传染病方面，有较大的贡献。“祝”是“史”的意思。上章所谈到的史，就是记载劳动人民所收获的数目，和占卜所得的结果，记录下来以备遗忘，因之记事物的大权，就掌握在史官的手里了。

我认为史与巫觋在上古有不可分割的关系。他们一边来舞乐跳神，一边来记述事物。到了周秦以来，特别是汉代，巫觋虽然存在，可是记事的史官大都由儒家学派出身的知识分子担任了。

古代统治阶级的官僚仕宦中，最注重婚丧大事。他们文质彬彬，崇尚礼教，儒家就充当阔人门前办婚丧大事的司仪和吹鼓手。当然，巫觋和祝史，在歌舞的曲调步伐上、音乐的节奏上，不无有其增益辑补，日趋于完善的功劳；可是他们为了欺骗人民，在人民朴素的敬事鬼神的基础上，更捏造许多天神和地祇等荒诞无稽的迷信传说，使人们在神权和皇权的压制下，不敢起来反抗。他们还编造了许多迷信的故事和传说中的女娲补天、羿射九日、牛郎织女、嫦娥奔月等项故事。这些神话故事有人民群众革命斗争的一面，也有宣传迷信的一面。如西王母，本来是古代西方一个国的女酋长名①，巫家因为她孤独无偶，便添上了一个东王公。统治者满以为这样就可以把人民欺骗住了，但是劳动大众眼睛是雪亮的，智慧是无穷的，哪个对，哪个不对，都了然于胸，英勇美好的故事就予以接受，迷信反动的故事，就以其道还治其身，而予以反击。因此说，歌舞是成于巫觋是对的；若说出于巫觋，那就错了。

汉代歌舞的形式与内容

歌舞的来源既然说明白了，我们再从歌舞和音乐的形式和内容加以分析和说明。

---

① ［清］赵翼：《陔余丛考·西王母》。

上章里所说的歌谣，就是徒歌，所谓“有章曲者曰歌，无章曲者曰谣”[①]。这种歌谣都是民间口头的创作，有时用手击着土壤或竹节，陪衬着作为节奏，就是古代击壤之歌。后来加上伴奏，被之于管弦丝竹的音乐，那就是所说的相和歌辞了。歌辞被之于管弦的时候，有辞句而不拖诸长腔声音的，有无辞句但有音腔的。因为各种形式和声调不同，到汉代便发展而为平调、清调和瑟调三种歌调，还有楚调和侧调，总归之为相和歌辞。歌辞都产生于汉代的“街陌讴谣”，大概有《江南可采莲》《乌生十五子》《白头吟》《上山采蘼芜》等类的歌曲。流传于现在的，如古诗《陌上桑》中“日出东南隅，照我秦氏楼，秦氏有好女，自名为罗敷”，是流传很广的名句，可以说是一首绝妙的叙事诗。[②]这首长诗，唱起来就要分成章节，也可以说分成几解（几段），由简短的小调，形成有辞有声，再加上音乐伴奏，可以说是一支大曲。这支大曲在当时唱起来的步骤，就有艳、有趋、有乱的分别。艳在曲前，趋与乱在曲之后。明代杨慎说：艳好比现在唱戏所唱的引子，趋与乱好比现在戏剧结束时的尾声。在唱歌时还有陪衬拖

①《乐府诗集》。

② 同上。

长腔的声音。汉代歌辞中的羊吾夷、伊那何，就好比现在的哩罗嗹、阿哎哟的声音。宋郭茂倩说：艳和趋乱的先后“亦犹吴声西曲，前有和后有送也”。在一首歌辞之前，先有音乐的前奏曲，继之以在歌唱之中陪衬以有声无辞“羊吾夷”的长腔，末了以尾声结束了全歌的场面，就形成为整套的相和歌辞了。

当劳动人民发明乐器来伴奏唱歌，其初是简单的，也不过是击壤而歌，后来由击壤逐渐改进为击缶，所谓“仰天拊击，而呼乌乌，此秦之声也”[①]。

从周到汉代，由匏土之声发展而为金、石、丝、竹、匏、土、革、木等八音，其中起主导作用的是金革之声，那就是以皮革做的鼓和铜做的铙钹，因之形成鼓吹之曲和铙歌之曲了。

汉代发展的各种各样的鼓，最大而最主要的是有两面或四面都蒙着皮子可以敲打的建鼓。建鼓形体很大，有的可以载在鼓车上，用人推着走；有的竖立在朝堂的石阶上，到大朝会和作舞乐的大场面时才用着它。鼓架子上有羽葆红缥丝绸等华丽的装饰品，叫作客，是以资壮观的。建鼓竿首上面雕刻一个大鸟，这个鸟名叫朱鹭。[②]郭茂倩《乐府诗集》卷十六

---

① 《昭明文选·杨晖报孙会宗书》。

② 朱鹭，又名朱鹮，是我国稀有珍贵动物。—编者注

引孔颖达说：“‘楚威王时，有朱鹭合沓，飞翔而来舞。旧鼓吹曲，《朱鹭曲》是也。’然则汉曲，盖因饰鼓以鹭而名曲焉。”在汉代鼓吹曲中，《朱鹭曲》为第一首歌曲。这种建鼓的形式在晋顾恺之的《路神图》和近来发现的沂南古石刻画像中还可以看见其大概的样子。建鼓也设在官署市楼和邮亭上。《汉书·何並传》说：“並北渡泾桥，令骑奴还至寺门，拔刀剥其建鼓。”师古注说：“诸官曹之所，通呼为寺。建鼓一名植鼓。建，立也，谓植木而悬鼓焉。县有此鼓者，所以召集号令，为开闭之时。”除此而外，还有每当市集启闭或其他事项，都是以击鼓来召集市民。人民有了冤屈也向官署门前击鼓，请求官吏允许申请诉状。后汉洛阳令董宣镇压人民极为严酷，人民不敢妄然击鼓，当时有“桴鼓不鸣董少平（宣字）”的谚语。除了建鼓，农民唱秧歌时打腰鼓，舞乐脚踏有小鼓。

由于鼓的种类繁多，当时人民击鼓的技术也是非常高明的。有的击一天鼓，花样百变，没有重调。青年男女们用足踏鼓，也花样百出，音调自然。汉代科学家张衡就是击鼓的名手。汉末文学家祢衡穿岭牟单绞之衣（鼓吏穿的衣服），击鼓作《渔阳三挝》，久已闻名，是有其历史根源的。到晋唐以后，高昌、天竺（印度）传来的羯鼓，击打起来声音尤为焦杀嘹亮，能以“高楼晚景，明月清风，破空透远，特异众乐”[①]。在佛教未入中国以前，虽然没有暮鼓、晨钟足以发人深省，可是在汉代雷门布鼓，声彻云霄，颇足以令人振奋的。

汉画像演奏图

汉木乐俑

①《后汉书·董宣传》。

人民创造了击鼓配合着短箫或竽籁的鼓吹之曲，迅速地被统治者利用，发展而为“鼓吹”“骑吹”和“云吹”。又由鼓吹改变而为用长笛的“横吹”，横吹实即鼓吹的一种。方以智《通雅》卷二十九乐曲引《建初录》说：“列于殿廷者名‘鼓吹’，列于行驾者名‘骑吹’，水行谓之‘云吹’。”又说：“其鼓吹，陆则楼车，水则楼船，在庭则以簨虡为楼。《朱鹭》《临高》诸篇，鼓吹也。《务成》《黄雀》，则骑吹也。《水调》《河传》，则云吹也。今楼船所吹，各曰《河调》，即《水调》也。总谓之《鼓吹》。”这种鼓吹和骑吹犹可见于四川汉画像砖之中，而宋人词句的水调歌头，也是由鼓吹曲而演变出来的。长笛又名羌笛，原是我国古代兄弟民族之一的羌族人民的乐器，后传到中土，由汉到唐成为行军出征所用的军乐器之一，故唐代诗人就有“羌笛何须怨杨柳，春风不度玉门关”的诗句。

在鼓吹曲中，鼓是起主导作用的，当然还有用铜做乐器的，就是铙钹。《周礼·鼓人》注：“铙如铃，无舌有柄，执而鸣之。”铙本是军中使用的一种器皿，也叫作刁斗，形如熨斗。行军的时候，夜击刁斗，以作警备，吃饭的时候，可以拿来盛饭，也可以作为乐器。铙在后来发展为较宽大的钹，形成歌舞中不可少的敲打乐器。

随着铙而来的，则有铙歌，铙歌与鼓吹曲，是同类型的军乐，因之又叫作《汉鼓吹铙歌》。这种歌辞流传下来的共有十八曲。其第一曲，名叫《朱鹭》，可见铙歌还是以鼓为主要乐器了。到了汉末，曹操、孙权都拥有鼓吹一部，还借给他们的将帅及牙官使用，鼓吹遂成为军吏的仪仗队了。

当时军中和民间使用的乐器，首先是鼓和铙，逐渐增加的则有笙管、竽箫、羌笛、琴瑟、箜篌、筝、筑、埙、篪、抚拍等乐器。在汉石刻画像中看到的歌舞场面使用的乐器，少则有六七种，多则可达十一二种。这说明在汉代已经形成歌舞伴奏乐队了。

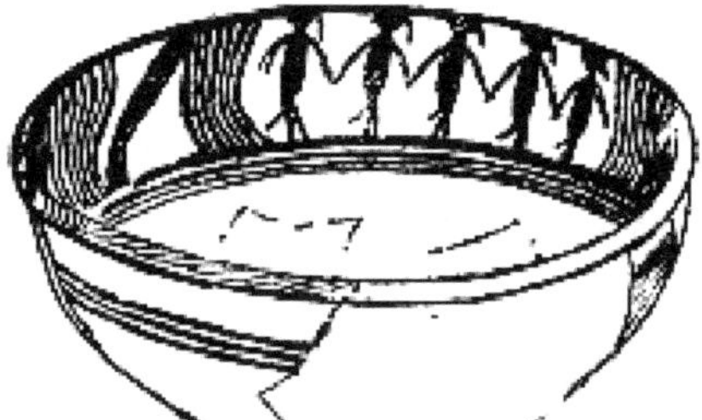

青海出土的新石器时代舞蹈图案彩陶盆

我国舞蹈的起源是很早的，已如上面所说，是由于劳动人民把手足操作和使用手中所持的劳动工具的姿势，在娱乐场合表现出来，形成了舞蹈。从秦汉以来，舞蹈已经有巾、拂、鞞、铎等四种跳法。[1]巾舞，在唐杜佑《通典·杂曲舞》说："项庄舞剑，项伯以袖隔之，使不相害汉高帝，且语庄曰：'公莫害汉王也。'后之用巾，益象项伯衣袖之遗式。"从而演为"公莫舞"及《公莫渡河》的遗曲。其实，这就是用红巾来跳舞，这种舞式从汉流传到现在。拂舞，传说是吴舞，就是用尘拂跳舞的意思。鞞舞，即用小鼓来跳舞，是巴渝舞中的一种舞法，或说是一种扇舞。至今朝鲜还流传着扇舞，当然是从这种舞法沿袭下来的，或可见其梗概。铎舞，晋傅玄《代魏辞》中的"振铎鸣金乐"，说明就是手摇着钟铎跳舞，后来复演变而为"盘鼓钟声"的盘舞。这些五花八门、落英缤纷的舞法，荟萃而成为丰富多彩的中华民族歌舞了。

我国民族歌舞有它的特点，故有"长袖善舞"之说。古代舞的特点，首先在于手和臂的动作，与西方跳舞专重足略有不同；次之在于腰的动作；最后乃在于足。晋傅毅《舞赋》：

其始兴也，若俯若仰，若来若往，众客惆怅，不可为象。其少进也，若翔若行，若竦若倾，兀动赴度，指顾应

① 《通雅·乐器》。

声。罗衣从风，长袖交横，骆驿分散，飒沓合并。

说明了手在舞的动作中所起的作用。魏晋时期有大垂手、小垂手的歌曲。《乐俯解题》说："大垂手，小垂手，皆言舞而垂其手也。"晋吴均《小垂手》曲说："舞女出西秦，蹑影舞阳春。且复小垂手，广袖拂红尘。折腰应两笛，顿足转双巾。蛾眉与慢脸，见此空愁人。"[①]手的动作而外，就是要折腰。《西京杂记》说："戚夫人能作翘袖折腰之舞，歌

汉代玉舞人

① 《昭明文选·傅毅〈舞赋〉》《乐府诗集》。

《出塞》《入塞》之曲。”戚夫人的侍儿“贾佩兰歌《上灵》之曲，连臂蹋（踏）地以为节”。后来乃演变为《蹋铜蹄》和《踏摇娘》的歌曲。唐刘宾客《嘉话录》说：“《踏摇娘曲》，乃蹋地摇身而歌，因名《踏摇娘》。”由这些舞的动作，犹可以想见“翩若惊鸿，婉若游龙”，穿着霓裳羽衣，翩翩然起舞的景象，实足表现了东方舞蹈艺术的特色。

歌舞本来是劳动人民业余的活动，到秦汉以来，乃由巫觋而渐变而为职业化的专业。《汉书·霍光传》说：“击鼓歌唱于俳优。”俳或叫作侏儒，是善于诙谐、调笑、说唱的角色。俳优也叫作倡优。倡在汉代不必全是女子，凡有技术的人，叫作伎人，并不是如后来说的倚门卖笑的娼妓。倡包括男女演员，优则是以调谑为主的男演员，因之俳优和倡优同是民间艺人。

民间艺人是基于本人的爱好自由来爨（拌）演的。在奴隶社会解体、封建社会兴起的初期，为了祈禳丰年，占卜吉凶，司歌舞祓除不祥的专责仍是巫觋和巫祝占主导的地位，一直到魏晋以后，形成迷信之风。但人民仍然是喜欢扭秧歌、唱山歌以增进其劳动的情绪，因之在乡间农闲的时候，当岁时伏腊之际，爱好歌舞的人们组织起来，形成临时歌舞团体，以供人民过年过节的娱乐，活跃生活。久而久之，才有脱离生产、善于歌舞的人，专业跳舞和唱歌。他们组织起来成为专业歌舞乐团或杂技团了。这种歌舞乐团成员的出身和来源问题，我认为大半是失去了田地的贫苦农民。当然，地主官僚阶级家内不仅有奴隶供统治者使用，而且培养了一批歌童艺女，或成为家内的歌舞乐团，供他们享乐；而民间的乐队和杂技团，除了供人民大众岁时娱乐，也被迫为地主豪绅的宴会宾客、饮酒作乐时娱乐和办婚丧大事时使用，甚至于女性还要供其玩弄。本来是民间的艺人，便被统治者以“倡优”视之了。

汉代的歌舞乐团

民间歌舞丰富多彩，技艺高超惊人，迅速为都市内的市民以及统治者所欣赏，歌舞班子日益发展，内容更加充实起来。汉代的歌舞乐团，大概可分为三种类型：地主官僚家内小型的歌舞乐团；为皇家服务的大型的黄门乐队，表演内容有各种类型的杂技，以及从国外传来的舞乐；民间杂技团，主要表演内容丰富、有反抗压迫精神的舞乐。统治阶级专为着享受的好尚和娱乐，与人民大众的好尚娱乐有根本的不同。

地主官僚的家内小型歌舞乐团

在封建社会内，尤其是汉初的豪强之家，仍许买卖奴婢。贫苦农民沦落为地主官僚豪绅家内的奴仆，形同奴隶。《西京杂记》说：“茂陵富人袁广汉，藏镪巨万，家僮八九百人。”这些家僮奴仆，受统治者的驱使。此外，那些豪强之家培养了一批供他们享乐的歌舞乐团。“诸侯妻妾或至数百人，豪富吏民蓄歌者至数十人”。桓谭《盐铁论·散不足篇》记载：“今富者钟鼓五乐，歌儿数曹。中者（中人之家）鸣竽弹瑟，郑舞赵讴。”因之就像《汉书·张禹传》所说那样：“禹性习知音声，内奢淫。身居大第，后堂理丝竹管弦……置酒设乐与弟子相娱……入后堂饮食，妇女相对，优人管弦铿锵极乐，昏夜乃罢。”又如，《后汉书·马融列传》说：“居宇器服，多存侈饰。常坐高

武梁祠画像中的舞蹈图

堂，施绛纱帐，前授生徒，后列女乐。弟子以次相传，鲜有入其室者。”一直到三国时，《三国志·蜀书·刘琰传》说：刘琰“车服饮食，号为侈靡，侍婢数十，皆能为声乐”。可见统治者家庭之内，多设女乐。这种奢靡的风气，不独汉代为然，就是到了明朝，江南地主乡绅家里，养戏班子。

汉代皇家大型的黄门歌舞杂技乐队

汉朝宫廷内养着各种各样的乐队，大体说来共有四种。蔡邕《礼乐志》说：“汉乐四品：一曰大予乐，典郊庙、上陵殿诸食举之；二曰周颂雅乐，典辟雍、飨射六宗社稷之乐；三曰黄门鼓吹，天子以燕乐群臣；四曰短箫铙歌，军乐也。”[①]清庙明堂之乐，已经弄得死气沉沉，就是统治者也感到有点厌烦了。可巧，民间的歌舞乐团兴盛起来，于是统治者也不得不采取民间歌舞的内容和形状，成立了专门研究和管理音乐的乐府，并组织了黄门鼓吹和铙歌的大型乐队。蔡邕《乐意》说：“三日黄门鼓吹，天子所以宴乐群臣，诗所谓‘坎坎鼓我，蹲蹲舞我’者也。”为了容纳观众，享宴群臣和招待来访问和朝贺的外国使臣，夸耀汉朝的宏富，因而建筑了陈设

① 《通雅·乐舞》引蔡邕《礼乐志》。

辉煌华丽的平乐观作为表演歌舞杂技的剧场。至于形容歌舞场面的宏大和歌舞内容的丰富，则有张衡著的《西京赋》和李尤著的《平乐观赋》。这里把赋中主要形容描绘的辞句摘录在下面，以供参考。

《西京赋》说：

大驾幸乎平乐，张甲乙而袭翠被；攒珍宝之玩好，纷瑰丽以奢靡；临迴望之广场，程角觝之妙戏；乌获扛鼎，都卢寻橦；冲狭燕濯，胸突铦锋。跳丸剑之挥霍，走索上而相逢……总会仙倡，戏豹舞罴，白虎鼓瑟，苍龙吹篪。女娥坐而长歌，声清畅而蝼蛇。洪涯立而指麾。被毛羽之襳褷。度曲未终，云起雪飞，初若飘飘，后遂霏霏。复陆重阁，转石成雷……巨兽百寻，是为曼延；神山崔巍，欻从背见。熊虎升而拏攫，猨狖超而高援。怪兽陆梁，大雀踆踆，白象行孕，垂鼻辚囷。海鳞变而成龙，状蜿蜒以蝹蝹。舍利飏飏，化为仙车，骊驾四鹿，芝盖九葩，蟾蜍与龟，水人弄蛇。奇幻倏忽，易貌分形；吞刀吐火，云雾杳冥；画地成川，流渭通泾。东海黄公，赤刀粤祝；冀厌百虎，卒不能救。挟邪作蛊，于是不售。尔乃建戏车，树修旃，侲僮程材，上下翩翻；突倒投而跟絓，譬陨绝而复联。

百马同辔，骋足并驰，橦末之伎，态不可弥。弯弓射乎西羌，又顾发乎鲜卑。于是众变尽，心酲醉，盘乐极，怅怀萃……振朱屣于盘樽，奋长袖之飒缅。要（杳）绍修态，丽服飏菁（精），眳藐流眄，一顾倾城……

李尤《平乐观赋》说：

乃设平乐之显观，章秘玮之奇珍。习禁武以讲捷，厌为羁之遐邻……方曲既设，秘戏连叙。逍遥俯仰，节以鞀鼓。戏车高橦，驰骋百马。连翩九仞，离合上下。或以驰骋，覆车颠倒，乌获扛鼎，千斤若羽。吞刀吐火，燕跃鸟峙，陵高履索，踊跃旋舞。飞九跳剑，沸渭回扰，巳淪隈一，踰肩相受。有仙驾雀，其形蚴虬。骑驴驰射，狐兔惊走。侏儒巨人，戏谑为耦。禽鹿六驳，白象朱首。鱼龙曼延，嵔蜒山阜。龟螭蟾蜍，挈琴鼓缶。（下阙）

统治者不仅为了宴享群臣，于享乐游戏之中，以表示其尊严；同时由于以天朝自居的大国皇帝要拿这种民族形式的歌舞来夸耀于外国。

班固《汉书·西域传》赞说：

> 营千门万户之宫，立神明通天之台，兴造甲乙之帐，落以随珠和璧。天子负黼依，袭翠被，凭玉几，而处其中。设酒池肉林以飨四夷之客，作巴俞都卢、海中砀极、漫衍鱼龙角抵之戏，以观视之。及赂遗赠送，万里相奉，师旅之费，不可胜计……

统治者不仅拿这种戏乐来夸示远人，在群臣中表示其高不可攀的尊严，而且作为巩固其政权、作威作福、压制人民的工具。也正因为这样，统治集团内部的奸臣贼子，企图篡政夺权、改朝换代时，必须得到这种大飨群臣的仪式。像三国时期曹魏攘夺汉朝的政权，晋朝司马氏又攘夺曹魏的政权，演出了“受禅”和“上尊号”这一套把戏。晋代卫觊撰作的《大飨碑》，以及汉末王粲写定的《七释》等篇，重复地叙述了汉代黄门舞乐的内容，在这里就不多举了。

这种舞乐，奠定了我国杂技舞乐的基础。所谓跑马卖解，吐刀吞火，走软索（走钢丝），变戏法，乃至说相声等类的玩意儿，从汉代距现在差不多快两千年，仍在发展而演变下来，其蛛丝马迹还有迹象可寻。

1. 角觝

我认为角觝是歌舞杂技乐队启幕时开始引起观众注目的表演项目。角觝，用现在的话来说，就是两两成对的大力士，在那里摔跤。这种戏乐起于战国时代军士们的角力比赛。秦统一中国之后，把角觝杂技的内容更加丰富起来，到了汉武帝时，把它采用到黄门乐队之内。角觝艺人两两相当，武艺高强，吸引群众，都赶来京城观看。

南朝梁任昉《述异记》说："秦汉间说，蚩尤氏耳鬓如剑戟，头有角，与轩辕斗，以角抵人，人不能向。今冀州有乐名蚩尤戏，其民两两三三，头戴角而相抵，汉造角抵戏，盖其遗制也。"这种戏乐流传到唐宋，一直在那里用作比武的重要项目。日本人的相扑，就是由角觝演变来的。

2. 乌获扛鼎

据说乌获和孟说都是秦武王时最有力气的人，力能扛鼎。扛是横开对举的意思。汉武帝元鼎元年（前116），在汾阴得到大鼎，因而演出扛鼎的故事。汉石刻画中有此图像，这就如近代大力士举数百斤石臼，现代杂技顶大瓷瓮的表演一样。

3. 都卢寻橦

都卢寻橦，就是头上戴竿的游戏。都卢是国名，《汉书·地理志》载有天甘都卢国，在今缅甸附近。《汉书·西域传赞》注引晋灼说："都卢，国名也。"李奇说："都庐，体轻善缘者也。"张衡《西京赋》说："非都卢之轻趫，孰能超而究升？"至于表演的情况，晋陆翙《邺中记》说："（石）虎正会，殿前作乐……有额上缘橦，至上鸟飞，左回右转。又以橦着口齿上，亦如之。"晋傅玄《正都赋》说："乃有材童妙伎都卢迅足，缘修竿而上下，形既变而景属，忽跟挂而倒绝，若将坠而复续；虬萦龙蜓，委随纡曲；抄竿首而腹旋，承严节之繁促。"据现代发现的沂南古石刻画像中，刻画着一个壮健的人，额上顶一长橦，橦上横木左端倒悬着一个小孩子，正是"忽跟挂而倒绝"的情状，右端所悬的小孩子，正是"虬萦龙蜓"的样子。橦顶上的小

山东沂南出土的汉画像寻橦图

孩子，正是“抄竿首而腹旋”的惊险情况。与张衡《西京赋》上所描写的，可说是异曲同工、惟妙惟肖了。

4. 跳丸跳剑

傅玄《正都赋》说：“跳丸、掷堀、飞剑、舞轮。”四川汉画像砖画面的右上方，一赤膊男子左肘跳瓶，右手持剑跳丸。其左一赤膊男子，双手跳丸，丸有五数。右下方一个头上梳双髻的女子，手持长巾，婆娑而舞，袖中飒丽。其左一人右手握槌，击鼓伴奏。跳瓶之戏，文献上记载很少，跳丸却是一个很广泛的体裁，在汉石刻画像如武梁祠石刻、沂南石刻画像

汉画像跳丸跳瓶图

中，都可以看到。舞轮在汉画像中，也可以看到。[①]

5. 走索

古代谓走索为高组之戏。《晋书·礼乐志》说：后汉“正旦，天子临德阳殿受朝贺……以两大丝绳系两柱头，相去数丈，两倡女对舞，行于绳上，相逢切肩而不倾。”《邺中记》称石虎正会有高组之戏。《三国志·魏书·杜夔传》裴松之注引傅玄序称：马钧使木人缘组倒立。现在发现的汉画像，如沂南石刻画像所画的两个女艺人相对而立在那里走绳索，绳下两旁，还插着尖锐的刀剑，比《西京赋》所记载的还要惊险。[②]这

山东沂南出土的东汉走软索图

① 刘志远：《四川汉画像砖艺术》。

② 南京博物馆、山东省文物管理处编：《沂南古画像石墓发掘报告》，文化部文物管理局1956年版。

种走绳索的技术，一直流传到现在。明末农民军女英雄红娘子就是走绳索的女艺人。到了清末民初，由走绳索改称走软索。现在，由于绳索改用钢丝，所以就叫作走钢丝了。

6. 女娥坐而长歌，洪涯立而指麾

相传女娥（崖）和东海黄公，都是古代的仙人，所以汉代艺人多化装表演这些神话故事中人物，起而歌唱跳舞。到了魏晋六朝，就演变而为戴假面具的参军戏。女娥坐啸，洪涯指麾，实为古代戏剧的起源。

7. 鱼龙曼衍，吞刀吐火

《汉书·西域传》颜师古注说："即《西京赋》中所云'巨兽百寻，是为漫延'者也。鱼龙者，为舍利之兽。先戏于庭极，毕乃入殿前激水，化成比目鱼，跳跃漱水，作雾障日；毕，化成黄龙八丈，出水敖戏于庭，炫耀日光。《西京赋》云'海鳞变而成龙'，即为此色也。"鱼龙巨兽曼衍，实即后来耍狮子、跳龙灯的游戏。至于吞刀吐火，《昭明文选》注说："赋中奇幻倏忽，易貌分形，奇幻如幻人，能分一身作数人，或吞刀，或吐火，或起云雾，或画地成川河。"《通鉴·卷二十一》：武帝时，"安息发使以大鸟卵及黎靬善幻人献于汉"。《汉书·乌丸传》说："其俗多奇幻，口中出火，自传自解，跳十二丸，巧妙。"把这些说法，综合起来看，这就是后来的变戏法，是由此演变发展起来的。

8. **戏车**

戏车是汉代统治者最喜好的一种游戏。《史记·卫绾传》："绾以戏车为郎。"《汉书·韩延寿传》："使骑士戏车弄马盗骖。"《西京赋》中形容了戏车；《邺中记》也记载了石虎大会群臣，演出戏车的故事，说："设马车，立木橦其车上，长二丈，橦头安横木，两伎儿各坐一头，或鸟飞，或倒挂。"沂南石刻画像中所画戏车的形象，正与此相同。唯所画戏车，带羽葆的建鼓下面，还画着一个小鼓。这种小鼓，《仪礼·大射仪》郑玄注叫作鼙鼓。《释名·释乐器》说："鼙，鞞也，鞞助鼓节也。"大概是拿来帮助建鼓，使橦上献技的人表演按拍合节的。虽然是一个小节，可以补历史记载上的不足。

9. **马戏**

班固《两都赋》中有"白马并辔，骋足并驰"之句。又汉末延康元年（220）卫觊著的《大飨碑》有"骋狗逐兔，戏马立射之妙技"，此为乘马射狐兔的形状。在汉登封少室石阙画像中，画两马奔驰，前马上一人衣长衣，倒立马脊上，后马上一女艺人举长袖而舞。山东临淄文庙内的汉石刻画像有驾马车，在车前后有不少争逐而游戏者，还有艺人在马上游戏的。《邺中记》说："又衣伎儿作猕猴之形走马上，或在胁，或在马头，或在马尾，马走如故，名曰猿骑。"还有艺人装饰作猿戏的。猿戏也是汉代百戏之一，演者裸露通臂。右边二人下拖长尾，中间一人的上肢和头上还有羽饰，左边一人臂上站着一只鸟，形似鹦鹉[①]，十足表现了跳跃游戏的状态。这些画面，也见于四川汉画像砖。此类马上的游戏和效猿猴的跳跃，就是后来马戏团所由缘起。

10. 侏儒

《平乐观赋》说："侏儒巨人，戏谑为偶。"在上面，我已说过，侏儒即是俳优，是充当诙谐调笑说唱的角色。我所以把俳优联系起来，因为侏儒以诙谐的动作，口中所说的都是幽默的四言、六言对偶的辞句。正如清沈钦韩《汉书疏证》所说：侏儒有俳歌辞，使其导舞，人人自歌之。扮演俳优的侏儒，有的不言不语，叫一声，他们就嗡然起来同唱："马无悬蹄，牛无上齿，骆驼无角，奋迅两耳。"想象起来，是够逗人笑的。东方朔嘲笑幸倡郭舍人说："咄！口无毛，声謷謷，尻益高。"就是效法俳优的语调。因而诙谐对偶的语

---

① 赵邦彦：《汉画所见游戏考》《庆祝蔡元培先生六十五岁论文集》。

调，遂为当时文人所喜用，如东方朔的《答客难》，枚乘的《七发》，王褒的《僮约》，都是沿袭着俳歌而起的。沿及唐代，张鷟写的小说《游仙窟》，仍是俳语的一种。俳语在唐代流传到日本。日本文人所写的俳调，在其古代文学中占重要地位。

东汉陶击鼓说唱俑（侏儒）

《三国志·蜀书·许慈传》说："（许）慈、（胡）潜更相克伐，谤讟忿争，形于声色；书籍有无，不相通借……先主（刘备）愍其若斯，群僚大会，使倡家假为二人之容，效其讼阋之状，酒酣乐作，以为嬉戏。初以辞义相难，终以刀杖相屈。用感切之。"这好像现在的说相声。最近在四川发现说唱形象的土偶人，耸着两肩，竖着两耳，开口欲笑，深刻地雕塑了说书人以喜怒笑骂的表情，讽刺当时统治者的形象。

11. 杯盘舞

《西京赋》中有"振朱屣于盘樽"之句。细看赋中的意思，是于平乐观所表演大型乐舞之外，掖（宫）庭内女优还扮演尚方小型伎乐。盘舞是汉代普遍流行的。马端临《文献通考》卷一四五说："盘舞，汉曲，晋加以杯，谓之世宁舞也。张衡《舞赋》'历七盘而蹑'，王粲《七释》'七鞶于广庭'，鲍照云'七鞶起长袖'，皆以七鞶为舞也。干宝云：'晋武帝太康中，天下为晋世宁舞，矜乎以接鞶反复之，至宋改为宋世宁。'"《晋书·乐志下》说："杯柈舞。按太康中，天下为晋世宁舞，矜手以按杯柈反复之。此则汉世惟有柈舞，而晋加之以杯反复之也。"近来在四川彭县出土的七盘舞画像砖，图左刻画着十二重叠案，一女子头上梳双髻，于案表演"反弓"之戏；右边一人表演跳丸，丸有二数，中间一双髻女子手持长巾蹋鼓起舞，舞

汉画像舞轮、舞盘图

者足下倒复七盘，其舞姿的妙曼，大有“体如游龙”“裾若飞燕”之概。[1]沂南石刻画像也有舞盘的图画，不过是由男子来表演舞蹈的。这可见盘舞在汉代是流行很广的。

在以上略举的十一种舞乐杂技而外，汉代有流行的傀儡子，和类似以烛光反映在布幕上的影帷戏。

12. 傀儡子

宋顾大昌《负暄杂录》说：“傀儡子起于汉祖平城之围。陈平造木偶（美）人，运机关舞埤间，阏氏（匈奴的皇后）望见，谓是生人，虑冒顿必纳之，遂退军。史家但云私计，鄙其策下也。”此虽为传说之故事，然不无道理。汉代早已有土偶木偶之人，安知不能耍傀儡戏于城上乎？《续汉书·五行志》刘昭注引《风俗通》说：“时京师宾婚嘉会，皆作魁儡。酒酣之后，继以挽歌。魁儡，丧家之乐，挽歌执绋相偶和之者。”所以宋庄季裕《鸡肋编》说：“魁儡子，作偶人以戏嬉歌舞，本丧家乐也。汉末始用之嘉会。齐后主高纬尤所好。高丽亦有之。”傀儡戏流传得很久远，现代的木偶戏就是由傀儡子发展起来的。

汉代还有烛光映射在布帷幕上的影戏。当时的作曲家、协

① 冯汉骥：《论盘舞》，《文物》1957年第8期。

律都尉李延年的妹妹嫁给汉武帝，不幸早死，汉武帝非常想念她。李延年就在夜里设上帷幕，用烛光映射，在帷幕上演出李夫人珊珊然歌舞的动作。武帝看见，更增加了“相思悲感，为作诗曰：‘是耶、非耶？立而望之偏，何姗姗其来迟！’”[①] 那么清末民初的滦州影戏，恐怕就是其遗制吧。（影戏上演地区较广，陕西、甘肃一带民间亦早已有之，为群众喜闻乐见。现在的秦腔之一支碗碗腔，即由影戏搬上舞台的。——编者注）

我把《西京赋》和《平乐观赋》所举的舞乐杂技以及其他的舞乐杂技，初步地归纳而为十二类。这些舞乐杂技综合了汉代民间百戏艺术的精华，演出而为目迷五色、辉煌灿烂、非常壮观的场面。当然这已是把民间艺人的技术更推进了一步。要指出的是，它既为统治者需要和享受，就逐渐脱离了劳动人民的实际生活，掺杂了许多不健康的迷信色彩，成为统治者驯服人民和改朝换代时以壮观瞻的工具，把人民艺术的精华逐渐变为陈腐的东西，是应该加以批判的。

民间的杂技乐团

民间的杂技乐团的成员，可能是脱离生产的贫苦农民，或

① 《汉书·武帝纪》《资治通鉴》卷二一。

者是艺术的爱好者。《盐铁论·散不足篇》说："往者，民间酒会，各以党俗，弹筝、鼓缶而已。"并且因为"街巷有巫，闾里有祝"，慢慢地由巫祝而组成杂技歌舞团的班子。《盐铁论·散不足篇》还说："今民间雕琢不中之物，刻画无用之器；玩好玄黄杂青，五色绣衣；戏弄蒲人杂妇，百兽马戏斗虎，唐锑追人，奇虫胡妲。"民间杂技乐团虽不像黄门乐队那样项目丰富多彩，但是已初具杂技团的规模。地主豪绅有宴会和婚丧大事的时候，都要请他们来表演。《盐铁论·崇礼篇》说："大家人有客，尚有倡优奇变之戏，而况县官乎？"因之《盐铁论·散不足篇》说："今富者祈名岳，望山川，椎牛击鼓，戏倡舞像。中者南居当路，水上云台，屠羊杀狗，鼓瑟吹笙。"富家办喜庆事的时候，用舞乐来欢迎宾客不容说了，就是办丧事，也要歌舞作乐。故《盐铁论·散不足篇》说："今俗因人之丧，以求酒肉，幸与小坐而责办歌舞、俳优连笑伎戏。"这种舞乐就是请杂技乐团来表演了。《散不足篇》又说："故君子不素餐，小人不空食。世俗饰伪行诈，为民巫祝，以取厘谢，坚额健舌，或以成业致富。"这说明民间已经组织成了经商营业的杂技班子。

民间的杂技乐团，与统治者经营的乐队，有根本性的不同。统治者所经营的乐队专在陶醉声色，享乐于低级趣味，或者在于炫耀声势，安富尊荣。但是民间歌舞和游戏的特点，是有它的爱憎和朴素纯洁崇高的标志和思想，正如《西京赋》所说："东海黄公，赤刀粤祝。"在歌舞中表现东海黄公与白额猛虎始终抗斗的大无畏的精神。民间杂技乐团又把美丽的神话故事人格化了，如嫦娥奔月，舒展广袖，婆娑起舞的姿态，表现出凌云之志和崇高的思想。尤其是劳动人民不屈不挠的反抗统治者的精神，经常表现出来，而以统治者之道反治统治者之身。例如统治者所倡导的一些荒诞不经的迷信故事中，不是有西王母和东王公吗？在《汉书·五行志》下记载有哀帝建平四

汉画像舞弹图

年（前1年）夏“京师郡国民聚会仟佰（阡陌），设祭张博具歌舞祠西王母”，因之有行西王母筹的故事。各地的老百姓每人手里拿着麻秆或禾秆一根，叫作西王母筹，到处奔走，聚集到千数人，“披发徒践（跣），或夜折关，或逾墙入，或乘车骑奔驰，以置驿传，行经郡国二十有六，卒会集在京师”。以歌舞祠西王母的举动，作为掩饰，耸动听闻，来打击统治者。

又射击弹丸是汉代民间的一种游戏。王符《潜夫论·浮侈篇》说：“丁夫世不传犁锄，怀丸挟弹，携手遨游。或取好土作丸卖之，于弹外不可以御寇，内不足以禁鼠……惟无心之人，群竖小子，接而持之，妄弹鸟雀，百发不得一，而反中面目，此最无用而有害也。”可是统治阶级的仕女们拿它作为摆阔的游戏。《西京杂记》说：“韩嫣好弹，常以金为丸，所失者日有十余。长安谓之语曰：‘若饥寒，逐金丸。’京师儿童每闻嫣出弹，辄随之，望丸所落拾焉。”然而老百姓不是这个样子的。《资治通鉴》卷三十二说：“永始元延间，上怠于政，贵贱骄恣。闾里少年群辈，杀吏受赇报仇，相与探丸为弹，得赤丸者斫武吏，黑者斫文吏，白者主治丧。城中薄暮尘起，剽劫行者，死伤横道，枹鼓不绝。”这就与地主豪势之家拿它来作玩意儿不同了，被压迫的人民则是拿弹丸来作为反抗斗争的武器。

其他文娱活动

汉代的一般人民所喜爱的游戏，还有蹴鞠和弹棋。蹴鞠就是打球。古代的鞠是拿韦（皮）来做的，里边填满了绒毛，打起来也仍能跳动的。在汉代，还辟有鞠室（球场）。《汉书·霍去病传》说："去病尚穿域蹋鞠。"服虔注说："穿地作鞠室。"打球的人分成两队，进行比赛，争取胜负。这在当时是为着人民习武和锻炼身体用的。后来各阶级的人士都喜欢这种游戏，但是统治者的帝王蹴鞠游戏过于劳累，就改习了弹

汉宫中的行乐钱

棋。[①] 弹棋可能是赌输赢的，也就有侥幸的现象。

劳动人民勤俭耐劳，本有积蓄的美德。他们把剩余的五铢铜钱积蓄在能进而不能出的小口瓦罐子里，叫作扑满。有的扑满下刻有“日利”二字，每天把五铢钱装进去，积少成多，到装满了钱的时候才扑开来使用。这种器物，一直到现代仍然是儿童们喜欢的玩具，可以从小养成储蓄、勤劳节约的美德。地主老财剥削农民，发了财还想发财，就做了摇钱树。近来在河北满城所发现的汉中山靖王刘胜墓中有二十个行乐钱，每个钱上镌有“起行酒，乐无忧，饮酒加，自饮止，乐乃止”的三字押韵的辞句，与汉代《急就章》体例相同。这些类似汉代文人雅宾饮酒行乐的酒筹的发现，为研究西汉文献增添了一项新的资料。[②]

除了上面所说类以酒筹的“行乐钱”而外，当时汉代统治阶级士大夫中有“雅歌投壶”，以及“六博”“格五”等游戏。投壶足以锻炼身体，尚不失为技术性的游戏；至于“六博”“格五”，虽讲究其技艺的精良，然属于赌博的性质，有其积极性的一面，也有其颓废消极性的一面，当分别观之。

---

① 《汉书·成帝纪》。

② 中国科学院考古研究所满城发掘队：《满城汉墓发掘纪要》，《考古》1972年第2期。

汉六博陶俑

在汉代，有郭舍人善投壶的记载。投壶游戏，玩耍时为把箭能投在壶内，必须熟练技术，聚精会神，身手俱到，才能百发百中，是一件不容易的事情。至于六博中用的箸、棋、局三种道具中，箸是“以竹为之、长六分”的筷子；棋是在局上行走的圆形棋子，分黑白二色，共十二枚；局是画有方格的棋盘。六博的时候，先要投箸，看谁先走，然后行棋。凭投箸和行棋的技术，来决定胜负。[①]至于格五，《汉书·吾丘寿王传》有“以善格五召待诏”。格五的形象，《汉书》注上说

① 刘志远：《四川汉画像砖艺术》。

得很难于理解，不过据宋代人著《演繁露》记载：

> 五子之形，两头锐尖，中间平广，状如今之杏仁。凡子悉为两面，一面涂黑，黑之上画牛犊；一面涂白，白之上画雉。凡投子者，五皆现黑，则其名曰卢。卢者，黑也，言五子皆黑也。则五犊随现。此在樗蒲为最贵之采。挼木而掷，往往叱喝，使致其极，故亦名呼卢也。其次是五子四黑而一白，以次而降。然至五子，每每不同，故亦或名枭。

枭也是获胜的一种。这是指着唐代的《五木经》而说的。五木是沿袭着格五而来的，它的戏玩方法，相去当不很远，所以《晋书·邓艾传》说"六博得枭者胜也"。后来所说的"呼卢喝雉"，全是形容酗酒赌博的景象。韦曜著《博弈论》说："至或赌及衣物，徙基易行，廉耻意驰，而忿戾之色发；其所志，不止一枰之上，所务不过方罫之间……"王符《潜夫论》说："今人奢衣服，侈饮食……或以游博持掩为事。"以"相随博弈数负进"，负是输了，进是赢钱。有的博者甚至拿衣物来作赌注。

勤劳人民哪有闲工夫去做这种赌输赢的把戏，只有游手好闲者，才优于为之。这说明了阶级不同，经济地位不同，嗜好也就因之不同。劳动人民的娱乐是为了舒畅情感，利于工作，或与压迫者作斗争，有其积极的意义；而统治者的娱乐和游戏，是全为着享乐，所谓靡靡之音，荒淫之乐，以此来毒害人民，麻醉自己，不但是消极的低级趣味，而且反映出他们腐朽糜烂的生活了。

七　汉代统治人民的方式

统治者的阶级压迫

刘邦建立汉政权时，能够审量形势，适应社会发展需要。他不走六国分裂的回头道路，而坚持统一，以法制来约束人民。他入关之初，就提出约法三章："杀人者死，伤人者及盗者抵罪。"汉初不是像以前战国时代，随便可以杀奴隶，人身有了比较平等的待遇和保障。对于人民的搜刮，在田地租税上，是用重农政策和轻税制度的所谓"轻田租，十五而税一"。到景帝时，"三十而税一"。至于没有田地的贫雇农，"耕豪民之田，见税什五"，就是收下籽粒来，农民与地主对半分成。这样劳动人民自己有了一定量的收入，要比在奴隶主奴役下，生命不能自保，除了枷锁而外一无所有，死了还要殉葬，要好得多了。因之在汉初，由于农民得以耕种自己的土地，从事劳动有一定兴趣，因而农业生产迅速发展起来，手工业产品的制造也精益求精，向前推进。《汉书·食货志》记载：

> 娄敕有司，以农为务，民遂乐业。至武帝之初七十年间，国家亡事，非遇水旱，则民人给家足。都鄙廪庾尽满，而府库余财，京师之钱累百钜万，贯朽而不可校。太仓之粟，陈陈相因，充溢露积于外，腐败不可食。众庶街巷有马，阡陌之间成群，乘牸牝者摈而不得会聚。守闾阎者食粱肉；为吏者长子孙；居官者以为姓号，人人自爱而重犯法，先行谊而黜愧辱焉。

《汉书·食货志》是据《史记·平准书》转抄下来的。这种说法，未免有许多夸张之辞，而且一般史书把这种政绩都归功于"文景之治"，不过也反映了汉初经济确是比较繁荣的。汉初生产发展的原因，已如前述，主要的原因是劳动人民有了自耕的田地，经过辛勤的劳动，生产出了丰硕的成果。

但是贪婪的地主阶级也和奴隶主的本质都一样，随着农民的生产积极性的提高，从而更为加倍克扣和压榨。他们对于劳动人民除了物质上的剥削和勒索而外，为了维护封建统治阶级的权利和秩序，制定了一套精神上的枷锁。

称谓的不同

在封建社会内阶级的构成，统治者有帝王将相、地主豪绅、士大夫们，而被统治者有农民、手工业工人（实际是被髡钳的工徒）、军士、奴婢等。当时的被统治者称呼统治者为大人、先生、夫人、公子等，还要加以官衔和爵位。而统治者对被统治者的农民，男的则叫作男子，女子则叫作妇人。对于手工业工人叫作工徒，对于军士则叫作田卒和戍卒，比戍卒身份较高的叫作良家子。当时砍柴斫薪的叫作厮（后来对于使用的小孩子叫作小厮），做饭司烹调的叫作养（就是后来的炊事员）。凡是参加劳动的成员，统治者都给以鄙贱的称呼。在封建社会内，尤其是封建社会初期，把奴隶置诸广柳车中，还能大量地买卖，因之对于奴婢，男的叫作大男，女的叫作大婢。[①]至于依附于地主阶级的"客"，自己称作贱子。如《汉书·楼护传》说："时召宾客，邑居樽下，称贱子上寿。"顾名思义，就可以知道待遇的不平等了。

---

① 参考《居延汉简考释》，新发现《汉男子张景碑》，《汉书·贾谊传》韦昭注及［东汉］刘熙著《释名》。

赋役剥削

在汉代出生的小孩叫作黄口小儿。只要生子到三岁，就要出口赋（人头税）了。汉武帝时，因为“征伐四夷，重赋于民”[①]，所以，每年逢八月，就要清查户口（算人），弄得人民困苦不堪。后来改为“七岁去齿，乃出口钱”，就是“民年七岁至十五岁，年出二十三钱”，叫作口赋。“民年十五至五十六，年出百二十钱”，叫作算赋。各王国、侯国的算赋，要以其中百分之六十五献于天子，叫作献赋。

汉代赋役制度，大概可分为三种，除口赋而外，就是田赋和徭役。田赋即三十税一的制度。徭役就是人民出劳役，通称为“更”。充劳役的人叫作更卒。每年任劳役一月叫作正卒。至于充当“山地材官，北边骑士，水居楼船”的，叫作屯戍之卒。戍卫宫廷的叫作卫士，把守于边防的叫作戍卒。人民当了一年的戍卒，任务完毕以后叫作过更，花钱雇人为戍卒的叫作践更。[②]

人民贫富的区别是什么？怎样算贫，怎样才算富呢？关于

---

①《汉书·武帝纪》。

②《汉书·食货志》，并参考《居延汉简考释》。

人民所有财产的基数，在汉代成文法上有这样的规定，通常的农民一家五口，耕田五亩，岁收粟一百五十石（每石合近代三斗三升三合），除了十分之一的租税而外，五口之家仅足温饱。人民的财产是以“衣履釜甑（蒸食物的器具）”来计算的。釜甑多了恐怕统治者抽调劳役，就把它卖掉，“以避科税，而豪富之家，乘贱买之，故得其利”。[①] 一甑之价，值钱多少？尚未见于记载，不得而知。可是据《汉书·成帝纪》记载：“不满千钱，为极贫之产”，“鸿嘉四年诏民资不满三万无出租赋”。这就规定了贫富的限度。

对于地主官僚占有的田地和使用的奴婢，也有限制。在汉哀帝时，孔光条奏：“限名田、奴婢，关内侯吏民名田，皆无得过三十顷；诸侯王奴婢二百人，列侯公主百人，关内侯吏民三十人。年六十以上，十岁以下，皆不在数中。贾人皆不得名田为吏，犯者以律论。诸名田畜奴婢过品，皆没入县官。”虽然有这种政令，其实是等于一纸空文，根本没有实行过。汉代宫廷中诸官奴婢十余万人，岁费五六百臣万。[②]在民间，巴蜀的卓氏至富，家僮八百人。汉哀、平间，皇亲王氏封为五

①《汉书·食货志》及《后汉书·殇帝纪》。

②《资治通鉴补·汉纪》。

侯，家僮千人，宾客满门。[1] 哀帝给幸臣董贤赐田千余顷，破坏了分封土地的制度。均田之制，早已不存在了。

贫富两极分化

早在西汉初年，茂陵富人袁广汉，藏镪巨万，家僮八九百人，筑园东西四里，南北五里，激流水注其内。构石为山，高十余丈，连延数里。新兴的官僚地主、皇亲田蚡，“治宅甲诸第，田园极膏腴，而市买郡县器物，相属于道”。将军灌夫家累数千万，宗族宾客众多，食客日数十百人；陂池田园广阔，权利横于颍川。[2] 失意的贵族杨恽，因为拥有厚资，大治田园宅第，“岁时伏腊，烹羊炮羔，斗酒自劳”。[3] 这都说明了在汉代已经出现了大地主庄园的经营。还有郑当时在长安京城的郊区置有庄园和别墅，每逢休沐之暇，就请客到他的别墅里饮酒宴会，当时称为“郑庄（当时的别号）好客”。汉武帝时的董仲舒已经看到这种贫富悬殊情况，为了维护汉朝政府的统治，不得不慷慨地说道：“是故众其奴婢，多其牛羊，广其田宅，博其产业，畜其积委，务此而亡（无）已以迫蹴民，民

---

①《史记·货殖列传》《汉书·元后传》。

②《史记·魏其武安侯列传》。

③《汉书·杨恽传》。

日削月朘，浸以大穷。富者奢侈羡溢，贫者穷急愁苦，穷急愁苦而上不救，则民不乐生，尚不避死，安能避罪！此刑罚之所以蕃，而奸邪不可胜者也。”[①] 董氏所说的“奸邪不可胜”就是反映了贫富悬殊、阶级矛盾尖锐，农民不得不起义反抗。

从汉初到哀、平，不过二百多年之间，在封建统治者压迫之下，贫富不均，农民逐渐失去土地，不是起来造反，就是沦为任人鞭挞的刑徒，和充当奴隶，过着悲惨的日子。到了王莽当政的时候，就下令说：“强者规田以千数，弱者曾无立锥之居。又置奴婢之市，与牛马同栏。”又说：“豪民侵陵，分田劫假，厥名三十税一，实什税五也……更名天下田曰王田，奴婢曰私属，皆不得卖买。”[②] 王莽只看见豪民霸占田地的不均，就要开倒车，行复古的制度，回到奴隶制时代，实行王田的道路上去，所以是注定要失败的。但是到了东汉，土地兼并和养奴蓄婢的风气，一点也没有改变。仲长统《昌言理乱篇》说：“豪人之室，连栋数百；膏田满野，奴婢千群，徒附万千；船车贾贩，周于四方，废居积贮，满于都城。琦赂宝

①《汉书·董仲舒传》。

②《汉书·王莽传》。

货，巨室不能容；马牛羊豕，山谷不能受。妖童美妾，填乎绮室；倡讴伎乐，列乎深堂。宾客待见而不敢去，车骑交错而不敢进。”[①] 聚敛之多和奢靡之风，更超过了前汉。

汉光武帝为平抑民愤所采取的措施

汉朝统治者为了维护其封建统治，挽救其危机局势，便针对当时的情况，提出打击豪强、丈量田地、释放奴婢等三项措施和政策，来平抑民愤。尤其是东汉光武帝刘秀，虽然不像王莽那样要恢复井田制度，徒尚空言，而是有具体的措施，在剔除统治者压榨侵吞的积弊上，也起过一定的作用。因而，东汉在恢复生产和繁荣经济方面也有所进展，但是执行得终究是不彻底，也是不可能彻底施行的。

我们先从东汉以前各地方富户豪强势力谈起。汉朝统治者为了防止统治阶级内部吞并，注意打击豪强，主要是战国末期遗留下来的奴隶主残余势力和豪强地主。据《汉书·贾捐之传》说：“今天下独有关东，关东大者，独有齐楚。”于是《高帝纪》记载：“徙齐楚大族昭氏、屈氏、景氏、怀氏、

---

①《后汉书·王充王符仲长统列传》。

田氏五姓关中，与利田宅。”就是指东方诸侯奴隶领主的残余势力而言的。《后汉书·郑弘传》注说：“武帝时，徙强宗大姓不得族居。”其突出的大姓如《汉书·严延年传》说的“涿人……大姓西高氏，东高氏，自郡吏以下皆畏避之，莫敢与牾，咸曰：‘宁负二千石，无负豪大家。’宾客放为盗贼，发，辄入高氏，吏不敢追。浸浸日多，道路张弓拔刃，然后敢行，其乱如此”。又“颍水大姓原褚，宗族横恣，宾客犯为盗贼”。这可见到西汉宣帝年间，奴隶主的残余势力，犹且猖狂如此。至于《汉书·王尊传》所说：“长安宿豪大猾东市贾万、城西萬章、翦张禁、酒赵放、杜陵杨章等，皆通邪结党，挟养奸轨，上干王法，下乱吏治，并兼役使，侵渔小民，为百姓豺狼。”《汉书·田延年传》说：“先是，茂陵富人焦氏、贾氏，以数千万阴积贮炭苇诸下里物……商贾或豫收方上不祥器物，冀其疾用，欲以求利。”这可能指庶族（没有官爵身份的）地主兼营商业的市侩而言的。在汉代的奴隶主的残余势力虽然受到打击，可是兼营商业的仍然在社会上是一种潜伏的势力，一直到三国时依然存在。如三国时的糜竺，“祖世货殖，僮客万人，资产巨亿”[①]，就是一个例

①《三国志·蜀书·糜竺传》。

子。此外新兴的有身份的官僚地主阶级迅速地发展起来。到了东汉光武以后，从龙附凤的外戚权臣，猖狂得更甚。

新兴的贵族官僚地主阶级也可以分为五种类型。第一，皇帝是最大的地主阶级。汉高祖刘邦问他得到的财产，“孰与仲多”，显出了天下是他一家的天下，他的王子皇孙封国称王，不但拥有土地，还有开采盐铁的特殊权力，说明他就是最大的地主。第二是从龙的功臣，尤其是外戚。只要是功臣，自然可以攀龙附凤，当上皇亲国戚，占领大量的田宅。如汉武帝时的田蚡、窦婴，无不大治宅第，拥有膏腴田园，形成了大庄园主。汉哀帝时的外戚王商等，一日同封五侯，也是大起宅第，宾客满门，横暴一时，“干犯吏禁，杀人不死，伤人不论”[①]。功臣如安昌侯张禹，“为人谨厚，内殖货财，家以田为业，及富贵，多买田至四百顷，皆泾渭溉灌，极膏腴上贾。它财物称是。”[②]一直到后汉功臣而兼外戚的马家，马援之后马防，“兄弟贵盛，奴婢各千人已上，资产巨亿，皆买京师（洛阳）膏腴美田，又大起第观，连阁临道，弥亘街路，多聚声乐，曲度比诸郊庙”。[③]自西汉到东汉以来，如前

---

①《汉书·蔡茂传》。

②《汉书·张禹传》。

③《后汉书·马援列传》。

汉的田、窦，后汉的马、郭、殷、王，形成地主贵族世家。第三是宦官。他们“手握王爵，口含天宪”，招权纳贿，无恶不作。如宦官侯览，“夺人田地至百一十八顷，大起第宅十有六区”，皆穷极壮丽。其兄弟姻戚，皆宰州临郡，辜较百姓，与盗贼无异。[1] 第四是中小官吏和书佐所形成的中小地主阶级。他们的官职虽卑，可是拥有出纳政令、运送国家财富的实权，所以如史籍记载，上计吏到一个地方，在亭传上累积堆放着运送的货物。[2] 生极其养，死了还营葬高大的坟墓。例如，近来四川发现的王晖墓中雕画的石椁和山西左元异墓碣，石刻壁画皆穷极华丽，非殷实之户不能办到。其生前贪婪的情况，可想而知。第五是没有身份的庶族地主。他们与官僚地主互相勾结又互相斗争。如《汉书·陈汤传》说：“关东富人益众，多规良田，役使贫民，可徙初陵，以强京师，衰弱诸侯，又使中家以下得均贫富。”可是庶族地主如三国时的张既“世单家（富），为人有容仪。少小工书疏，为郡门下小吏，而家富。自惟门寒，念无以自达，乃常畜好刀笔及版奏，伺诸大吏有乏者辄给予，以是见识焉”。[3] 以此来勾结官

①《后汉书·侯览传》。

②《资治通鉴补·汉纪》。

③《三国志·魏书·张既传》。

僚地主阶级。自东汉以来，察举孝廉方正和秀才，统治者所察举的全是有钱有势的地主阶级中的人物，也有庶族地主阶级因缘攀进的人物。这就成为庶族地主阶级进身之阶了。

依附于地主阶级的游手好闲的知识分子，据荀悦《汉纪》中所说，有“三游”，就是游侠和游客，以及游行（亦即游行四方的说客一类）。

所谓游侠，即《汉书·游侠传》所说：“皆借王公之势，竞为游侠，鸡鸣狗盗，无不宾礼……观其温良泛爱，赈穷周急，谦退不伐，亦皆有绝异之姿。”张衡《西京赋》说：“都邑游侠，张赵之伦……轻死重气，结党连群。实蕃有徒，其从如云。”他们为了杀富济贫，随手立致千金，随手亦可散去，声势显赫一时。在汉代前期，著名游侠有朱家、郭解，成帝之时又有楼护、陈遵，都以依附豪势，行侠好义，闻名于时。[①]到了东汉还有戴良，尚侠气，食客尝三四百人，当时称为“关东大侠戴子高”。既至三国以后，这种风气就较为罕见。

我们在这里要谈的游客，就是宾客。食客又可以谓之奴客，它的身份，由诸侯的上宾逐渐下降为与奴仆几乎相等的奴

①《汉书·游侠传》。

客。这是由于阶级分化，有的贫寒知识分子猎取功名，上升在地主阶级的行列，当然毕竟是在少数；而多数逐渐下降为奴客。这种逐渐向两极分化的情况，是有迹象可寻的。

这里要谈的什么是宾客？《汉书·周昌传》说："沛公以（周）昌为职志（官名），其从兄周苛为客。"客为"帐下宾客，不掌官也"，就是不受官爵，待以客礼的叫作宾客。在汉代初年，首先是分封的同姓诸王，都要延揽宾客，为之出谋划策，以期取得最高的权力和地位。像淮南王刘安，就延揽了很多的宾客，给以优厚的待遇，甚至"鸡犬都可以升天"。梁孝王建筑梁园，广收宾客，延请了如枚乘等人，"为上国大宾，与英俊并依，得其所好"[①]。到东汉光武之时，楚元王刘英也好交结宾客，"以谋得逞"。这时的宾客，真成了天之骄子。其次是地主豪势之家，如前汉的公孙贺，"乘高势而为邪，兴美田以利子弟宾客，不顾元元，无益边谷"。又"新丰杜建，为京兆掾，护作平陵方上（陵工）。建素豪侠，宾客为奸利。甚至颍川大姓原褚，宗族横姿，宾客犯为盗贼"[②]。还有一些缙绅士大夫，虽然没有多少钱，也要请一两位门客，来

① 《汉书·梁孝王传》。

② 《资治通鉴补·汉纪》。

撑面子。于是游手好闲的无业游民，都想当上官僚地主的宾客。当时作宾客的人越来越多，他们自贬身价，甘处于为人当雇工，如佣作奴仆的地位。如《后汉书·桓荣传》说：“（桓荣）家贫无资，常客佣自给。”托名汉刘向撰的《列仙传》说：“宋瓚，广陵人也。少病毒瘕，就睢山道士阮丘，丘怜之。瓚曰：‘病愈当为君作客三年，不致自还。’”而当时的官吏为了撑面子，也要雇一二人为客。崔寔《政论》说：“长吏虽欲崇约，犹当有从者一人；假令无奴，当复取客，客佣一月千钱。”三国时的焦先，“饥则出为人客作，饱食而已。”从此由诸侯的宾客沦落而为奴客的地位了。沿及晋代，奴客称客户，有的与雇农、佃客地位同等。《三国志·吴书·潘璋传》：“璋妻居建业，赐田宅，复客五十家。”《晋书·食货志》说：“官品第一第二者，佃客无过五十户。”奴客也可称为佃客了。

为此，东汉初年采取了一些打击豪强地主的措施：

（1）仗量田地。汉初在关中开辟土地，兴治沟渠，发展生产，来拱卫京师长安。由于膏腴满野，故称“陆海”。及至光武建都洛阳，政治中心乃由长安移到洛阳。南阳为光武故乡，因此特别注意于洛阳以东的地区开垦田地，提高生产。兴修鸿陂渠，灌溉田亩数千顷。汝阳一带尤为殷富，“鱼稻之饶，流衍他郡”[1]。光武帝时特别注意度田（丈量田地），而且行之甚力，度田不实者，多因之致罪。光武帝度田的目的是专为着充实帝室，中饱统治者的私囊；而限制官吏的名田，尚在其次；至于富人的土地侵吞，害及贫民，就不在帝王的心目中了。就是这种清丈田地，也是有偏倚，仗量不均，清查不实的。《后汉书·刘隆传》说：

> 是时天下垦田，多不以实，又户口年纪，互有增减。（光武）十五年诏下州郡，检核其事，而刺史太守多不平均；或优饶豪右，侵刻羸弱，百姓嗟怨，遮道号呼……帝见陈留吏牍上有书，视之，云“颍川、弘农可问，河南、南阳不可问。”……显宗（明帝）曰：“河南帝城多近臣，南阳帝乡多近亲，田宅逾制，不可为准。”帝令虎贲将诘问吏，吏乃实首服。

所以仗量田地清查田亩，在光武帝时就根本实行不通。到了明帝、章帝以后，宦官外戚专权，土地的兼并、奢侈风气，更超出于前汉，人民的痛苦更形增加了。

---

①《后汉书·邓晨传》。

（2）释放奴婢。在汉代存留着奴隶制的残余，地主每家蓄养奴婢和虐待奴婢是社会上一个严重问题。王莽时规定了“民田奴婢，不得买卖”。就是有奴婢之家，自“上公以下，率一口出钱三千六百”[①]，以此来限制大地主官僚蓄养奴婢的数量。光武帝为了维护统治者的权利和地位，使奴隶不至于和农民在一起起来反抗，因之对于释放奴婢和改善奴婢的待遇，确有明文规定。如建武七年五月甲寅诏：“吏人遭饥乱，及为青徐贼所掠为奴婢下妻，欲去留者，恣听之；敢拘制不还，以卖人法从事。”十一年八月诏：“敢炙灼奴婢，论如律，免所炙者为庶民。”又十月诏：“除奴婢射伤人弃市律。”十三年冬十二月诏：“益州自八年以来，被掠为奴婢者，皆一切免为庶民。”[①]在光武时不止一次地颁布释放奴婢的命令，并规定奴婢不得买卖，改善对奴婢的待遇，被解放的奴婢称为庶民。

在法律上规定不得乱杀奴婢，使其人身得到保障，实际执行了没有，执行得如何？是值得研究的问题。在当时可能表面上执行过，而骨子里仍是阳奉阴违。如《后汉书·郑兴列传》说，兴以“私买奴婢，坐左转莲勺令”。当时，奴婢不

---

① 《汉书·王莽传》。

② 《后汉书·光武帝纪下》。

但买卖，还可以互相赠送。《后汉书·李恂传》说：“贾胡数（李）遗恂奴婢、宛马、金银、香罽之属，一无所受。”而买卖奴婢还是普遍的，如《三国志·魏书·杨俊传》说：“宗族知故为人所掠作奴仆者凡六家，俊皆倾财赎之。”那么因为无钱被掠作奴仆而不能赎的，不知要多少家了。所以在光武颁布明令不久，外戚马防兄弟贵盛，奴婢各千人以上。折象家僮八百人，资财二亿。大官僚梁冀“取良人，悉为奴婢，至数千人，名曰‘自卖人’”[①]。这可见到东汉末年，贵族家庭蓄养的奴婢不是减少了，而是增多了。奴婢受着鞭挞凌辱、目不忍睹的不平等待遇，生活的痛苦是可以想见的。前汉王褒曾著过一篇《僮约》。“僮约”就是一个买卖奴婢的契约，也叫作券文。券文上说：“神爵二年正月十五日，资中男子王子渊（褒的别字）从成都安志里女子杨蕙买亡夫时户下髯奴便了（奴名），决资万五千。奴当从百役使，不得有二言。晨起早扫，食了洗涤。居当穿臼缚帚，截竿凿斗，锄园斫陌……奴老力索，种莞织席。事讫休息，当舂一石。夜半无事，浣衣当白……奴不得有奸私，事事当关白。奴不听教，当笞

①《后汉书·梁统列传》。

一百。”王褒所写的“僮约”虽然是戏言，然可以反映出汉代地主豪强虐待奴婢的惨况。那时贫民一做了奴婢，正如王褒所说“不如早归黄土陌，蚯蚓凿额”[①]了。

当然也有地主豪门的豪奴恶仆仗势欺人这类事经常发生。如前汉霍光的家奴与御史魏相的家奴争道，“诸霍在平阳，奴客持刀兵入市斗变，吏不能禁”。霍氏的家奴头子监奴冯子都和王子方等人，狐假虎威，不可一世，“视丞相亡（蔑）如也”[②]。汉辛延年的《羽林郎》诗句说：“昔有霍家奴，姓冯名子都，依倚将军势，调笑酒家胡。”其猖狂傲慢的情况可想而知。这种倚势凌人的豪奴恶仆，他们早已失去其阶级的本性，欺压良民，作恶多端，已经不齿于人类。这种败类是少数，而受着苦难和不平等待遇的贫苦奴隶总在多数，而且是大多数。

（3）允许刑徒自赎。在汉代建筑宫殿陵苑，修治沟渠道路，开采盐铁等项大工程，以及纺织、陶冶、铸铜、髹漆等官营手工业生产的精美物品，皆是由大量的刑徒惨淡经营和制造出来的。刑徒是创造社会财富、发扬祖国文化的主要劳动力之

①《全上古汉魏六朝文》辑王褒《僮约》、崔寔《政论》。

②《汉书·霍光传》。

一。可是刑徒的身份和待遇，尚不能与奴婢相比，他们受到的肉体责罚和桎梏，生活的痛苦，更有过之而无不及。最近在山东诸城县发现了刑徒被髡钳的一张石刻汉画，可以略见一斑。汉代修建工程所使用的刑徒动以十万计算。《汉书·陈汤传》说，修昌陵时，“卒徒工庸以巨万数，至然（燃）脂火夜

武梁祠画像中的刑徒罪人

刑徒墓砖刻文

作，取土东山，且与谷同价，作治数年，天下遍被其劳。”这样数字庞大、夜以继日的劳作的刑徒的来源如何呢？一是由于统治阶级内部的斗争。有些大臣官吏得罪了当权执政者，因之被罪而罚作为刑徒。这在刑徒中实占少数。二是贫苦大众，主要是农民。他们在统治者的横征暴敛之下，稍有不遂，就被横加以罪名，使成千上万的农民充当了刑徒，这在各类工种中占绝对的多数。定刑徒的罪名也有等级和年限的区别。据《汉书音义》说：“一岁刑为罚作，二岁刑已上为耐。”耐是“轻刑之名”，犯耐罪而私自逃跑的就叫作亡命。又《汉旧仪》说：“髡钳为五岁刑，完城旦舂为四岁刑，鬼薪（也写作新）白粲为三岁刑，司寇为二岁刑，罚作（名复作）为一岁刑。”凡是犯罪的刑徒，官吏则收容在都城中名叫“若卢”的监狱里，至于一般农民刑徒则在普通的监狱里。表现好而刑期未满者，不戴刑具，要比刑徒身份略高，叫作弛刑。这些弛刑徒可拨到边疆上充当卒徒。在服刑期内调配到工地上充劳役的，有技能者叫作五任；没有技能者只充当小工，还须戴上刑具工作，叫作无任。[①]尽管刑罚这样严重，待遇又区别得这样酷苛；可是只要有势力有钱财，就可以赎罪。如大官僚李燮“以谤毁宗室输作左校，未满岁，（安平王）果坐不道被诛，乃拜燮为议郎……擢河南尹”。又如文学家蔡邕以得罪权势，髡钳为徒，不久就以钱财来赎罪，得免于徒刑。《后汉书·明帝纪》载：建武中元二年建武十二月甲寅诏“……天下亡命殊死以下，听得赎论，死罪入缣二十匹，右趾至髡钳城旦舂十匹，完城旦舂至司寇作三匹”。至于女徒，《汉书·平帝纪》载：元始元年（1年），“天下女徒已论归家，（出）顾山钱月三百。”只要有钱，就可以赎罪；若是无钱的贫苦劳动人民，就只有长期作刑徒了。

洛阳是东汉的首都所在地，在洛阳四周围营造的工程是众多的，无疑是使用了大量的刑徒。最近在洛阳附近偃师县佃庄附近发现了汉代刑徒野葬墓地。这些刑徒的尸首，似乎用薄薄的棺材浮葬在野地里，身边还有手铐和脚镣，身上只放两三枚五铢钱，最多的也不过九个五铢钱和一个盛水的瓦罐子，身后的惨状如此，则其生前的痛苦生活可知。身旁还有

---

① 中国科学院考古研究所洛阳工作队编：《东汉洛阳城南郊的刑徒墓地》，《考古》1972年第4期。

一块墓砖，上面刻着刑徒的籍贯、姓名、罪行、死期和所作的任务，如有一块砖刻着“五任汝南南顿鬼新黄柏元初六年闰二月死”。又一块墓砖刻着“无任南阳武阴完城旦捐祖永初元年七月九日物故死在此下”。从这里不但可以看出悲惨的情况，而五任和无任的区别，也可以弄明白了。据中国科学院考古研究所洛阳工作队编写的《东汉洛阳城南郊的刑徒墓地》这篇报告说，这些刑徒多来自幽、兖、豫、荆、青、徐、冀、并八州之地。考察这些刑徒的骨骼，多半是中年受残酷的虐待，未能到刑满之期而中途死亡，墓葬的年代多半是从汉永元四年（92年）到延光四年（125年）时期。工徒的待遇，既然这样，农民的生活的凄惨状况，更可想而知，因之为时不到四十年就激起了黄巾农民军大起义，八州之人，因身受切肤之痛，群起响应，“襁负归之”。农民起来反抗统治者如火如荼的情况，就形成轩然大波了。

统治者刚柔并济的两面政策

历来的封建统治者压榨、剥削劳动人民时，左手拿着鞭子，右手拿着“仁者爱人”的经典，惯耍两面派手法。统治者在横征暴敛和高压之时，有时摆出慈善姿态，要豁免租况，减轻徭役，优待刑徒；有时露出狰狞凶险的面孔。在荒旱年间，甚至开仓赈济，其实并不都是实心爱民。我们可以考察一下所设置的常平仓的情况。《后汉书·刘般传》中刘般说："常平仓外有利民之名，而内实侵刻百姓。豪右因缘为奸，小民不能得其平。"而"贵戚椒房之家，数用恩势，干犯吏禁，杀人不死，伤人不论"。"宁见朽贯千万，而不忍贷人一钱；情知积粟腐仓，而不忍贷人一斗。"①汉朝政府的朘削暴敛，卖官鬻爵，压榨百姓，已经是罪恶昭彰，人所周知。

地主阶级为了饱填其欲壑，达到其巧取豪夺、兼并侵吞的不可告人的目的，平时也惯用伪善和欺压两手。我们再就地主豪强的侵吞兼并和其经营的方式，来做比较具体的分析，其穷凶极恶的面貌就可以略见一斑。

第一是巧用人力。在汉初出现了大批失业的社会廉价劳动力，地主阶级中的一部分人想方设法利用这些廉价劳力发展生产。《汉书·货殖传》说："齐俗贱奴虏，而刁间（人名）独爱贵之……使之逐鱼盐商贾之利。"刁家遂以之而殷富。《汉书·赵敬肃王彭祖传》："使使即县为贾人榷会，入多于国租税。"又《汉书·张汤子安世传》："（张汤子安世）家僮七百人，皆有手技作事，内治产业，累积纤微，是以能殖

---

①《后汉书·王符传》。

其货。”前汉的王丹“哀、平时仕州郡……家累千金，隐居养志，好施周急。每岁农时，辄载酒肴于田间，候勤者而劳之。其堕懒者，耻不致丹，皆兼功自厉。邑聚相率，以致殷富。其轻黠游荡废业为患者，辄晓其父兄，使黜责之”。[①] 地主阶级伪善假慈悲，实在是欺骗人民，是好把钱搁在自己腰包里的虚伪卑劣手段。

第二是兼营家庭手工业。地主豪家因利用奴仆人力的轻贱，乃兼营家庭手工业。如霍光家利用家僮制造纺织机，以数十人之力，两个月的时间，织出了一匹精美的葡萄锦。又后汉时外戚郭况富极一时，当时郭家被称为“琼厨金穴”。王子年《拾遗记》说：“况家僮四百余人，以黄金为器，土冶之声，震于巷内。时人谓郭氏之室，不雨而雷。言其铸锻之声盛也。”可见地主豪强家庭手工业之盛。

第三是放高利贷，中家子弟为之保役，趋走与臣仆等，勤收税与封君比入，是以众人慕效。在汉代，地主豪家征取子钱是一种普遍的现象。

第四是欺压贫雇农，勒索租额。在汉代，贫雇农耕富人的田地，见税什五，就是对半批租，其实勒索的情况不止

---

① 《后汉书·王丹传》。

此。《汉书·匡衡传》说："衡专地盗土……遣从史之僮，收取所还田租谷千余石入衡家。"所谓善于说《诗经》的匡衡，乃是一个巧取豪夺、欺压农民的能手。

四川出土的汉代砖刻画贷粮图

第五是巧取豪夺的经营方式和管理方法。地主豪家不择手段得来的田地，还要用巧取豪夺式经营，如后汉樊宏无孔不入地经营田地，就是一个典型的例子。《后汉书·樊宏传》说：

（宏父）重性温厚，有法度，三世共财，子孙朝夕礼敬，常若公家。其营理产业，物无所弃；课役童隶，各得其宜，故能上下戮力，财利岁倍。至乃开广田土三百余顷；其所起庐舍，皆有重堂高阁，陂渠灌注。又池鱼牧畜，有求必给。尝欲作器物，先种梓漆，时人嗤之，然积以岁月，皆得其用，向之笑者咸求假焉。

可见地主阶级费尽心思地经营，大量积累财富的一斑。

束缚人民的“契约”

地主阶级无论是用伪善的面貌出现，还是用狰狞的面貌勒索豪夺，或是把得来的田地在那里处心积虑经营；尽管花样多端，其目的只有一个，就是在封建社会内要攫取农民更多的田地，把地主阶级的权力巩固起来，把农民苦心劳力耕种的田地据为已有。他们不但夺取了田地，而且要从文字上把属于谁的名义确定下来，于是古来埋葬死人的卖山券演变而为卖地券，恐怕一纸空文不足为凭，还要请中人作保。作保的中人在汉朝叫作知券者，就是证人。其买卖僮奴人口，写定契约，也是如此。买卖人口的契约，前面已举了王褒的《僮约》，可以作为一个例子，故不另举。现在我们不妨把东汉徐胜的卖地券的形式抄写在下面：

建武中元元年丙辰四月甲午朔，廿八日，广阳太守官大奴徐胜，从武邑男子高纪成卖所名黑石滩郭罗佰田一町，贾钱二万五千，钱即日毕。田东北比皇甫忠，南比孙仲倍，西比张准，北比大道，根生土著毛物，皆属徐姓。田中若有尸死，男即为奴，女即为婢，皆当徐姓给使。时旁人姜同许义，皆知券约，沽酒各半。

这券中所说的大奴徐胜，可能是广阳太守的奴仆头子，倚势凌人侵夺了男子（农民）高纪成的田地。有此一契，这块贫民的田地就可以霸占，永为势家所有了。既然规定了主仆的名分，和土地隶属所有制的权利，那么地主老爷们就可以高

汉画像中的收租图（描摹）

坐堂上，呼奴唤婢，大摆人肉宴席，还要叫贫雇农民们来交租纳税。假若交粮较迟，或借贷还钱稍缓，地主们就派豪奴恶仆向贫雇农民坐摧索债。在河南费县打虎桥发现汉代的石刻画像，有地主索债图。其他汉石刻画像还有农民向地主交租图。[①] 一口袋一口袋的粮食倒到地主的仓廪中去，一方面显出地主气势的蛮横和阔气，一方面刻画出贫农受地主压迫的惨痛情况。农民在地主的剥削鲸吞之下，逐渐失去了自耕的一小块土地，甚至卖儿卖女，充当地主的奴婢，失去了人身自由。一遇到荒年，斗米千钱，甚至“黄金一斤，易粟一斛”。贫苦农民只有起来造反，揭竿而起了。1935年同蒲铁路开工时发现一个朱书的陶罐，上面写道：

熹平二年十二月乙巳朔，十六日庚申……今日吉良，非用他故。但以死人张叔敬，薄命蚤［早］死，当来下归丘墓。黄神生五岳，主死人录；召魂召魄，主死人籍……眉须以落，下为土灰。今故上复除之药，欲令后世无有死者。上党人参九枚，欲持代生人，铅人持代死人。黄豆瓜子死人持给地下赋。立制牡厉，辟除土咎，欲令祸殃不行。传到，约

① 见四川汉画像砖拓片。

束地吏，勿复烦扰张氏之家。急急如律令。[①]

在这个张叔敬陶罐上所写的辞句，主要有两个含义：一个是表现出农民的大公无私。劳动大众受统治者压迫，困苦而死，“欲令后世无有死者”。另一个是贫苦农民生前受统治者的横征暴敛，死后还要受到鬼神的剥削，所以拿黄豆瓜子叫死人持着缴地下的赋税，“欲令祸殃不行，传到约束地吏，勿复烦扰张氏之家”，说得何等悲惨沉痛呀！

统治者从思想上巩固封建秩序

汉代有这种传说，就是劳动人民生来要受苦，死了还要受苦，这是由神灵在那里监管着；人死了魂归泰山，而且是天命所注定的。官僚地主是高贵的，农民是贫贱的。因之，在人的伦序上不是拿法律来制裁，而是拿君为臣纲、父为子纲、夫为妻纲的三纲和抽象的仁、义、礼、智、信的五常，从意识形态上来约束人民的思想，使劳动人民不至于暴动起来，进行造反。这就是从阶级剥削和压迫以外，汉朝统治者用三条钢绳

① 北京历史博物馆藏汉张叔敬陶罐朱书题字。

和五个铁箍来钳制人民的思想，作为统治人民思想的精神枷锁。用这种办法的人，始作俑者，就是汉武帝时主张罢黜百家、崇尚六经的董仲舒。

在封建社会初期，秦始皇为了改革奴隶社会遗留下来的一切阻碍生产发展的不合理的制度，“以吏为师”，来建立封建社会制度和加强中央集权的统治。后来弄得繁文缛节，桎梏重重，民不堪命。汉初在久经大乱之后，注意到人民的生活，发展生产，需要休养生息，只是与民约法三章。经过文、景两代，因为皇太后都喜欢道家的学说，都崇尚黄老无为而治，根本没有提到法家。到汉武帝时，封建社会已经形成，并壮大起来，继承高祖刘邦的伟业，保卫祖国的边疆，整饬国家的内政，发展盐铁生产和不拘一格地培养人才。他为了平抑各家不同的思想，用儒家礼教这一套方法来巩固封建政权的统治。由于孔子总结了自上古尧舜禹汤奴隶社会的经验，保存下来了丰富的文化遗产。他的门人所辑的《论语》，辑录了祖国古代人民遗留下来的优良的语言和风俗习惯，至今还在应用，如何评价，这里姑不具论。但是过于尊尚儒术已失去孔子本意的董仲舒建议用的“罢黜百家、崇尚六经”定于一尊的办法，以期更容易于统治。在汉武帝时，虽然建立了太学，建元六年（前135年）建立了五经博士，可是把儒家的孔子奉为教主（见章炳麟《訄书》），并未真正实行，比如汉宣帝就不是专信儒教的。自元帝以后，政权渐衰，为了愚蒙人民，儒教才被推广起来，所以汉代石刻上才有孔子见老子的画像和孔门之学，师弟相传的伏生授经图等。东汉的石刻画像中，此类故事更日渐众多，是有其历史根源的。所以说，董氏是针对当时统治者剥削压迫的情况，所谓“民日削月朘，浸以大穷”，提出限民名田的主张，及要求统治者“省刑罚，薄税敛”以宽民力的一套措施。他认识到，对于人民不能专用刑法来压制，还是要用礼教来感化；认为这可以为劳动人民接受，可能博得人民的同情。当然，其目的是暂时地安定人民，而实际是专为压迫人民的统治者说教的。他进一步论述，法律的制裁是有一定限度的，唯有礼教才能把社会上的秩序安定下来。因之就宣传天尊地卑、贫富贵贱自来就有差等，制定了“三纲五常”，钳制人民的思想，束缚人民手脚的大道理。董仲舒说：“有政制之名，亡变道之实。天不变，道亦不变。”这就是说，历代的制度虽然有时改变，而约束人民的“三纲五常”始终是不能改变的，是受命于天的。为什么把最高统治者帝王叫天子呢？就是受命于天。从此，董仲舒进一步提出“天子受命于天，诸侯受命于天子，子受命于父，臣妾受命于君，妻受命于夫，诸所受命者，其尊于天也”。他更引申而为人的行动全是受命于天，从而形成了他的天人相应的荒谬的学说，即天的变动和降灾都影响到人民，而君主以及人民的行动都可以上应于天。他把劳动人民由劳动中察觉出来的天气的变化，春夏秋冬四季的更替，“不违农时”的自然界现象，朴素的唯物论，却歪曲为天主宰事物，天的意志高于一切，编造了劳动人民生来就该受压迫、服从于统治者的一套主观唯心论的荒谬理论，来愚蒙人民。其实，明眼人一看就很清楚他所说的话的实质和他所玩弄的玄虚。

东汉朴素唯物主义者王充就认识到天是宇宙间自然界的现象，天哪能像人一样有口和耳目。所以《论衡》自然篇说：“以天无口目也……使天体乎？宜与地同。使天气乎？气若云烟。云烟之属，安得口目？”“今（以）无口目之欲，于物无所求索。”那么，怎能“天人相应”呢！至于说天道不变，可是天也有四时运转、风雨晦明的现象，哪能说是不变；若说到人类社会上，则“千里不同风，万里不同俗”，时事正在往前演进，安能法先王而不法后王，是古而非今？正如前汉杜周所说：“前主所是著为律，后主所是疏为令，当时为是，何古之法乎？”[1]与王充同时，有桓谭和王

① 《汉书·杜周传》。

符。桓谭主张社会是不断演变的，他说："前圣后圣，未必相袭。"[1]王符著有《潜夫论》，主张法治，"法以君为主，君信法则法顺行，君欺法则法委弃君臣，法令之功必效于民，故君臣法令善，则民安乐……"而施行法令，在于使用得人，所以说："是故国家存亡之本，治乱之机，在于明选而已。"

董仲舒对于历朝的制度，也承认是未尝不变的。不过，他说制度虽然可以改变，但统治者"三纲五常"的道理是不变的，就和天道是永恒不变的一样。他曾引证"五经"中的《春秋》来立论。宋代王安石就说《春秋》是"断烂朝报"。而经学中的今文学家董仲舒（经学中的古文是用古代篆字来写的；今文是用汉代隶字译为今文的，当时就叫作今文学家）把《春秋》所记载的从隐、桓到定、哀十二公，分为三个时期。他所谓"张三世"就是据乱、升平、太平三世，其目的是"新周、故宋、王鲁"。他说时代虽变，可是统治不变，维持封建社会的秩序不变。"贵有常家，尊在一人"[2]。因之，他说的"王鲁"就是借着鲁来吹捧汉朝天子。他把孔子称为"素王"。所以称为"素王"，是孔子有一个预见，即制礼

---

①［东汉］桓谭：《新论·正经》。

②《后汉书·仲长统传》。

作乐，“为汉制作”。把孔子一抬就变为教主了。

董仲舒之后，有些人说孔子为预言家，认为他有许多“微言大义”和“非常异议可怪之论”，没有写在六经里面，而是“口授”别记在谶纬里面。谶就是一种“预决吉凶”的宗教预言；纬原来是指天象，后来才附会人事。说六经是经，纬书是扶翼六经而行的。当时的一些谶纬家说什么孔子的“微言大义”中有汉当代秦而兴，乃至刘秀中兴。如有的谣言说：“刘秀发兵捕不道，卯金修德为天子”[1]，卯金即是刘字。又如“刘氏复起，李氏为辅”，也记载在谶纬书里。这些谶纬的荒诞无稽之谈，难道还不是捧汉代皇帝作为进身之阶的人搞的吗？汉朝统治者企图说明自己注定是受命于天的“真命天子”，使人民不致异动，来维护其封建统治的政权。他们愚弄老百姓，宣扬儒家的仁义道德来笼络人心，欺骗人民。《汉书·元帝纪》中有一段说得很精彩：

> 孝元皇帝……壮大，柔仁好儒，见宣帝所用多文法吏，以刑名绳下……尝侍燕从容言：“陛下持刑太深，宜用儒生。”宣帝作色曰：“汉家自有法度，本以霸王道杂

① 《后汉书·光武帝纪上》。

之，奈何纯任德教，用周政乎？且俗儒不达时宜，好是古非今，使人眩于名实，不知所守，何足委任！”乃叹曰：“乱我家者，太子也。”

就是说在汉宣帝时，尊崇儒家，起用儒生，不过是一个建议，到汉元帝时，才真正实行，而汉朝政府就从此中衰了。其实汉代的推行儒家政策，大都为欺骗群众，实际像元帝这样优柔寡断，即使不用儒家，也注定是要失败的。就是东汉光武帝的中兴，表面上虽然推崇儒家，而实际上是用暴力来平定中原；对他稍有反对的，必须把它镇压下去，最后乃战败了据守四川的公孙述，终于四海如一，心中乃安。本来他是用的霸道来“平定天下”，而反说是“吾以柔道行之”①，纯粹是欺人之谈。

董仲舒所主张的“推明孔氏，抑黜百家”②，其目的是维护封建统治者的政权。他另外一个目的就是培养地主阶级的子孙们，好传宗接代，作为统治者的羽翼。正如《汉书·董仲舒传》所说：“立学校之官，州郡举茂材孝廉，皆自仲舒发之。”汉代的举贤良茂材的选举制度，并不是真正选拔

①《后汉书·光武帝纪下》。
②《汉书·董仲舒传》。

人才，而是从地主阶级中挑选出贵族子弟，加上“孝廉方正”，或博士、议郎清贵的荣名，来巩固地主阶级的地位，形成了地主世袭，贵者常贵、贱者常贱的门阀制度。这种贵族子弟，席丰履厚，哪有什么真才实学，不过是拿学习五经，作为猎取功名的敲门砖，再爬上士大夫贵族的地位。当时就有“举秀才，不知书，察孝廉，父别居”的民谣。班固就说：“自武帝立五经博士，讫于元始，百有余年，传业者寖盛，支叶蕃滋，一经说至百余万言，大师众至千余人，盖禄利之路然也。”他们之所以要这样来研究经术是为着利禄荣名，来夸耀自己。当时的尚书博士夏侯胜就说：“士病不明经术，经术苟明，其取青紫，如俯拾地芥耳。”后汉的博士桓荣，官做到少傅，“赐以辎车乘马。荣大会诸生，陈其车马、印绶，曰：‘今日所蒙，稽古之力也，可不勉哉。’”[1]凡是地主阶级得到青紫的就是贵族，得不到青紫者，就是庶族。而这种青紫往往是由夤缘攀附、不择手段而得来的。于是形成了社会上的人民两极分化。《后汉书·黄琬传》说：“时权富子，多以人事得举，而贫约守志者以穷退见遗。京师为之谣曰：‘欲得不能，光禄茂材。’……自是窃名伪服，浸以流

①《后汉书·桓荣传》。

竞，权门贵仕，请谒繁兴。”所谓清贵之地，遂为利禄之场。当时察举孝廉方正，必须有人保荐，保荐的人自然是亲戚故旧才能够同声相应，同类相求。当时两家联姻，也必须门当户对，贫户决不能与富家联姻，即是庶族地主，也难与贵族地主攀附。像东汉的王充，出身于“细族孤门，虽著鸿丽之论，无所禀阶，终不为重”。王符也因家世寒薄，穿缝掖之衣，为人所轻。又如王粲，本来是世家子弟，因为没有外家，浮沉下僚，幸亏有皇甫规、蔡邕等为之提拔援引，他所写的文章才名闻于时。还有三国时的文学家吴质，也是出身于寒门，当时并非有名，因为为曹丕所欣赏，才成为建安时曹氏幕客中的风流人物。为了巩固地主阶级的地位和在物质上与精神上压制人民的门阀之风，在东汉末年，就已经开始了。

唯物论与唯心论的斗争

在上层建筑意识形态领域内，从来就存在意见的分歧。由分歧而到对立的统一，形势也随之向前发展。自从董仲舒提倡天人相应的学说，就有王充反对天人相应，提出天无口目的学说：有尊孔，就有反对孔子的“问孔”文章。汉光武以谶纬来愚弄人民，登上了皇帝的宝座，使桓谭来整理有关谶纬的书籍；桓谭以“臣不读谶”[①] 拒绝了皇帝的答问。桓谭说：“谶出河图洛书，但有兆朕而不可知。后人妄复加增依托，称是孔丘，误之甚也。”[②] 在皇帝的严威之下，而能正直不阿，说出这样的话，他的正义精神可见是惊人的。仲长统看见当时“选士而论族姓门阀，交游（专）趋于富贵之门”，诵读五经弄得乌烟瘴气，甚至有“行赂改定兰台漆书经字，以合其私文者”，不禁慷慨激昂地作诗以见志。仲长统的诗说：“寄愁天上，埋忧地下，叛散五经，灭弃风雅。百家杂碎，请用从火。抗志山西，游心海左。”[③] 可以看出他对于奔竞仕途、斯文扫地的愤慨。“高门无下品”，攀亲也必依附高门，发展到了魏晋，遂制定了“九品中正”的选举制度，成为“官人”的框框，用以培养贵族门阀，来欺压人民，使人民难以翻身。

董仲舒“推明孔氏”制定了“三纲五常”，作为桎梏人民精神的枷锁。统治者对于三纲中的夫为妻纲，只有条文而没有细目。对于女性“男尊女卑”还不满意，还要她们“在家从父，出嫁从夫，夫死从子”。于是班固的胞妹班昭连忙编写了《女诫》七条：第一卑弱，第二夫妇，第三敬慎，第四妇

---

①《后汉书·桓谭传》。

②《新论·启寤》。

③《丹铅总录·诗话类》。

山东吕母崮遗址

行，第五专心，第六曲从，第七叔妹。其主要的意旨是“惧失容它门，取耻宗族”，必须“忍辱含垢，常若畏惧，卑弱下人”，又必须曲从姑舅之言，“勿得违戾是非，争分曲直，是谓曲从”。因之就说：“生男如狼，犹恐其尪；生女如鼠，犹恐其虎。”[①] 把支撑半边天的女性，教成遵守夫权的驯服的工具。正如毛泽东所指出的：“（在旧中国）这四种权力——政权、族权、神权、夫权，代表了全部封建宗法的思想和制度，是束缚中国人民特别是农民的四条极大的绳索。”[②] 汉代统治者满以为制定了“三纲五常”以及尊崇夫权的《女诫》就可以约束人民不致异动了。然而，有压迫就有反抗，尤其是在

①《全上古三代汉魏六朝文辑班昭文》。

② 毛泽东：《湖南农民运动考察报告》，《毛泽东集》（第一卷）。

前汉之末农民起义的时候，山东海曲（今山东日照）就有女英雄吕母起兵反抗。须知支撑半边天的女子们不是好惹的。

汉朝政府对人民的压迫，激起农民不断起义，就震撼动摇汉朝的政局了。在前汉末年爆发了赤眉、铜马等农民军的起义，光武帝刘秀借着农民军起义的力量，统一了中原，经过休养生息，出现了经济繁荣的局面，民户达四百二十七万户，人口在一千六百三十四至二千一百万七千八百二十人；到桓帝之初（永寿二年），民户增加到一千六百七万九百六十，人口增加到五千零六万六千八百五十六人。由和帝、顺帝而后，特别是桓灵之世，宦官当权，外戚专政，再加上灵帝的贪污腐化，卖官鬻爵，大捕党人，横征暴敛，置人民于水深火热之中，终于激起了青、冀、兖、豫等八州人民以黄巾为标记的农民军大起义。人民群起响应，“襁负归之”。人民群众腾欢之时，就是统治阶级难受之日。于是，统治政权中的军阀官僚们也不得不暂时放下统治阶级的内部矛盾，以征讨“黄巾”为名，而成群结队地起来镇压农民军，随后又为着自己争夺地盘，借着所招抚的农民军的力量，互相混战，再加上由战争而带来土地荒芜，无人耕种，岂止是斗米千钱，乃至“黄金一镒，买来一斛”，又加上天灾流行，死亡过多，无人收拾而带来瘟疫，人口骤然下降。正如王粲《七哀诗》说：“出门无所见，白骨蔽平原。”[1]其惨痛的情况可以概见。因此，八州之民，不及桓帝时一州的数量。当魏文帝曹丕当了皇帝之时，据统计，魏与蜀的民户只有九十四万三千四百二十三，口五百三十七万二千八百九十一。即是在这种悲惨的情况下，人民群众仍然挣扎起来，在宛、洛的废墟上恢复了生产。我们可以从史料中看到三国时期魏、蜀、吴之所以能够鼎立，尤其是曹操能够巩固北方的边疆，平定中原，就是由于他不像其他军阀那样屠杀农民军，而是团结青州的农民军的势力来巩固其政权，注意到民生，恢复了生产，人民逐渐安定下来。宛洛之间，农桑遍野，形成了中原得以安稳、经济和文化得以繁荣的局势。至于像袁绍、袁术之流，因为只顾抢夺地盘，纵然是“四世三公”，也不过成了招致灭亡的条件，所以就迅速地垮台了。在这兵荒马乱之中，天灾瘟疫流行之际，由于劳动人民的智慧，而出现了治疗瘟疫的医学家张仲景，著有《伤寒论》；出现了对于科学技术有创造发明的科学家马钧等人。人民群众以及无数无名英雄，与统治者作了不屈不挠的斗争，使生产和科学技术都逐渐地发展起来。这是值得称道的。

---

① 沈德潜：《古诗源》。

八　知识分子的地位、作用和劳动人民的反抗斗争

知识分子在汉代的社会地位和所起的作用

在阶级社会里，知识分子不是独立的一个阶级，而是主要依附于统治阶级，为统治阶级服务。它既可以为劳动人民做好事，也可以助纣为虐而做坏事。在封建社会内，知识分子所起作用的优劣，往往是由他们所处的地位决定的。农民群众的起义和劳动操作所产生的成果，就是由知识分子中的文史学家所记载下来的。如果没有历史的记载，劳动人民创造的伟绩，也就要烟消云灭了。所以在叙述劳动人民反抗斗争之前，不可不先叙说一下汉朝的儒生、士大夫，即知识分子所处的地位和所起的作用。

由汉到魏晋学术思想的演变

如上章所述，汉朝的建立，自汉高祖刘邦到文景之世，经过六七十年的休养生息，民给财足，社会经济初步达到繁荣。及至汉武帝即位之后，为了巩固汉王朝的政权，提倡崇儒尊孔。董仲舒提出“罢黜百家，崇尚六经”的主张，不久就得到实行。董仲舒这个人虽然是依附于统治者，对巩固汉王朝的统治，延续我国封建社会，起过重要作用，但是也应当一分为二地来看待他。他也曾从维护封建统治的利益出发，指出在封建专制下，造成富者愈富，贫者愈贫，“民日削月朘，浸以大穷”，走向贫富两极分化的现象，提出轻赋薄役的主张，减轻对劳动者的剥削压榨，有一定好处。

据近人章炳麟《訄书·学度》和黄侃《论学杂著·汉唐玄学论》记述：汉代学术思想凡有五变：第一是董仲舒提倡公羊今文学家之言和迷信的谶纬之说，把孔子尊称为教主，已失去了孔子的真旨。第二是扬雄著《法言》，效法《论语》，写得很平易近人，反对谶纬之学和巫史之书，并且说人生处世，颜渊的箪瓢陋巷、安贫乐道，要比齐国的相国庆封用玉杯饮美酒享乐要高明得多了。第三是到了东汉，王充反对董仲舒的“天人相应”的学说。他说：天哪有耳朵，哪能听见人间的事情呢？他所著的《论衡》用朴素的唯物论思想来驳斥董仲舒的唯心学说。但是他能破而不能立——没有提出积极的主张，仍存有宿命论的思想。第四是后汉的桓谭著《新论》，驳斥汉光武中兴是由天命注定的谶纬之学。他用“臣不读谶”来回答光武帝，倔强地表现了自己的主张。第五是到东汉的末年，政治腐败，外戚、宦官专权，社会上生活极为浮奢，统治阶级生前厚自奉养，死后还要修建豪华的坟墓，厚葬之风盛行。因之，王符著《潜夫论》，仲长统著《昌言》，痛斥当时的弊政，揭露当时社会上王公贵族腐朽贪婪。自此以后，到三国时期，则有姚信著的《士纬》，阮武著的《正论》等书，其书多已散佚，仅见于唐代马总著的《意林》片断地引用其语句，尚可以窥见当时社会思想方面的一点面貌。

自从汉末魏晋以来，曹操、司马懿之流，为了夺取皇权和地位，就尊崇儒教，拿孔夫子作为护身符。他们实际根本不信奉儒教，只是口头上来说教，也不准备实行之，不过拿此作为欺世惑人，操纵生杀予夺之权的工具。当时称为“竹林七贤”的西晋嵇康、阮籍等人，以及号称“八达”的谢鲲等诸位名士，看到魏晋以来的当权者，打着孔孟之道的旗号，而行其不可告人的勾当，就佯狂垢污，饮酒服食五石散，追求神仙，崇法老庄；或者幕天席地，纵意所如，放浪于形骸之外，说“礼教非为我而设”，甚至“非尧舜而薄汤武”。后来的人认为他们“清谈误国”，可是误国者非清谈之辈，而是魏晋时代的当权者所遗留下的余毒。①

东汉之世，除了依附于权贵想攀龙附凤者之外，一般知识分子都有反抗统治者的意识和淡泊名志的思想。譬如汉光武帝的旧友严子陵，光武以布衣之交、待以故旧之谊，派人向他请教，他要言不烦地答复了来使。使臣还要求教，他就说：“买菜乎？求益也。”又如南阳处士樊英，汉顺帝征聘他出来做官，他不肯做。顺帝就对他说：“朕能生君，能杀君；能贵君，能贱君。能富君，能贫君。君何以慢朕命？”樊英坚决地回答说，生杀贵贱之权，由我自己来决定，“陛下焉能富臣，焉能贫臣”！至于这些儒生处士们处世的道理和待人接物的态度，像扶风人法真，好学而无常家，通内外图典，号称“关西大儒”，从学者有陈留范丹等数百人。他性恬静寡欲，不交人间事，太守请他出来做官，他坚决地回答说：“以明府见待有礼，故敢自同宾末；若欲吏之，真将在北山之北，南山之南矣。”②

---

① 参考《鲁迅全集》第三卷《魏晋风度及文章与药及酒的关系》；《后汉书·左雄传》。

② 《后汉书·法真传》。

这时的韬晦之士，有汝南周燮、南阳冯良等人，学行纯笃，隐居不仕，力辞皇帝的征辟，甘愿老死于牖下。其例甚多，难以一一列举。

由于这些正直的知识分子的影响，形成了东汉节义和敦厚的风俗。他们还把这种风气，造成社会上的舆论，即所谓清议，来维持风纪，以流传于后世。这是在历史上存在着的客观事实。迄于宋、元、明，热爱祖国的人士，有骨气的学者，提倡清议，培养成风气，也就是因此而起的。

党锢之祸

东汉末年的政治情况是：宦官专政，外戚权臣擅权，政治极端腐化。开始是外戚权臣勾结宦官，取得政权；继之外戚要排除宦官，却被“手握玉爵，口衔天宪”的宦官挟着帝室的命令，诛杀了外戚梁冀等，宦官又掌握了政权，专门来陷害忠良，荼毒百姓。由于统治阶级的内部矛盾，引起了社会上的极度不安，人民处于水深火热之中，农民群众便起来造统治者的反。如泰山、琅邪一带聚集了万人，声讨统治者的罪状。此时洛阳太学的书生数千人，以刘陶为首，上疏朝廷，干预政治了。刘陶上疏陈事的目的，表面为了昭雪被权臣梁冀所屠杀的骨鲠之士李固等的冤情，实则是挽救被宦官逮捕妄加罪行的故冀州刺史朱穆和前乌桓校尉、党人领袖李膺。他们说：朱穆“摧破奸党（宦官），扫清万里；李膺正身率下，威扬朔北，实中兴之良臣，宜还本朝，挟辅王室”，“当今之忧，不在乎货，在乎民饥”。所以说是针对着当时的弊政而言的。后来刘陶虽然由顺阳长提拔为京兆尹，但终以他上疏说“天下大乱，皆由宦官”，并言及激起张角农民起义的事情，宦官就“谗刘陶与贼通情，收陶下黄门北寺狱。掠按日急，陶遂闭气而死”。

接着，太学生徒党人领袖张俭等举奏宦官侯览等辜较百姓，掠夺人民的田宅，强奸民间妇女，故请诛宦官，又遭到统治者的逮捕。当时广大群众怀着无限的义愤，都同情张俭的风格和气节，张俭逃亡避难，望门投止，群众甘于为之掩护，因此连累及隐藏张俭的人，被治罪者乃至数十家之多。

党人是知识分子所结成的集团

在东汉桓灵时期，出身于地主阶级的知识分子，以郭泰、贾彪、张俭等为首的太学诸生三万余人，与他们汝南颍上等地的同乡好友，推崇当时官僚地主阶级中的开明人士李膺、陈蕃等作为领袖，形成集团。社会上的人士，如果能为李膺所容纳接待的，就“一登龙门，声价十倍”。他们看到当时“主荒政谬”，宦竖当权，因而起来“激扬民声，互相题拂，品核公卿，裁量执政”，并“危言深论，不隐豪强，自公卿以下，莫不畏其贬议，屣履到门”（《后汉书·党锢列传》）。后来党人遭到统治者的迫害，大肆逮捕，加以禁锢，因而成为所谓“党锢”了。

所谓“党人”集团的成员，多半是出身于小地主阶级的知识分子。他们结党的目的，是为了本身的出路，即维护封建社会的秩序，作为自己进身之阶；并企图使那些比较开明的进步的人士登上政治舞台，掌握政权，说出几句比较公正的话，反对旧王朝的统治，甚至有时能说“当今之忧……在乎民饥”等同情人民的话。从东汉的党人到魏晋的竹林七贤清谈之士，他们虽然“崇尚虚无，轻蔑礼法，纵酒昏酣，遗落世事”，却正是遵守礼法，蔑视当时的威权势力的气节之士。他们不是破坏旧礼教，而是极力维护两汉以来所建立的封建统治政权，那“倾而未颠，决而未溃”的局势，又被这些仁人君子的心力挽救过来。[1]他们本来不反对封建帝王的政权，而是改良主义者，要使封建社会的秩序更得以延续和巩固。他们虽不能

① 鲁迅：《魏晋风度及文章与药及酒的关系》，《鲁迅全集》（第三卷）。

与农民群众起来反抗封建帝王的统治，直斥和揭发统治者罪行的大义行动相提并论，但可以说在一定意义上是相辅而行，起了一定的推动社会前进的作用。

桓灵时期的大捕党人

党锢这件事情起于汉桓帝延熹九年（公元166年）十二月。因为李膺、杜密被宦官逮捕的事件发生之后，就大捕部党二百余人，说他们主要的罪行是河南尹李膺“养太学游士，交结诸郡生徒共为部党，离讪朝廷，疑乱风俗”。次年，永康元年（公元167年），外戚窦武提议，方才把党人救归田里，改为禁锢终身。他们回到田里之后，为了树立风纪，扶持正义，来打倒宦官擅权、陷害忠良的歪风邪气，于是标榜品题出哪个是正人君子，哪个是奸邪小人。在他们心目中认为是正人君子的，就推举出来作为榜样人物，砥砺名节，排除奸党，便于人民有所依归。他们“指天下名士为之称号，上曰三君，次曰八俊，次曰八顾，次曰八及，次曰八厨”，其中“三君”窦武、刘淑、陈蕃，是最为推崇者。为了把同志之士组织得更为严密，就“刻石立埠（坛）共为部党”，共推张俭等作领袖，好进行活动。这样更遭到宦官们的怨恨。这时桓帝已死，灵帝即位，窦武遭到残害，乃大捕党人，“死徙废禁者至六七百人……党人门生故吏父子兄弟，其在位者，免官禁锢，爰及五属（家庭中的亲属）”[①]，弄得人人恐惧，惨不可言。到中平元年（公元184年）黄巾农民军起来了。宦官中常侍吕彊给灵帝说：“党锢久积，人情多怨。若久不赦宥，轻与张角合谋，为变滋大，悔之无救。”由于这句话，皇帝也害怕了，连忙“大赦党人，诛徙之家皆归故郡”[②]。范晔在《党锢传》中接着还说道：“凡党事始自甘陵、汝南（下面再谈），成于李膺、张俭，海内涂炭二十余年，诸所蔓衍，皆天下善士。”在这个期间有至死不屈的李固、李膺，有慷慨就义的青年烈士范滂，有奔走国事不辞劳瘁的张俭，有洁身自守、不同流合污的夏馥。他们作出了许多悲壮义愤、可歌可泣的事迹，是值得称道的。

月旦评

从上边悲壮的事迹里面，我们要指出的，就是怎样衡量人物和怎样推崇和批评人物。作为标榜指标的叫作“月旦评”。这是封建社会上升时期，在经济上有优越的条件，在

①《后汉书·党锢列传》。

② 同上。

意识形态上有高度鉴别的能力，才能出现的，同时是存在着有地主阶级意识的偏见的。这种评论人物的起始，据《后汉书·许劭传》说："劭好人伦，多所赏识……劭与（从兄）靖俱有高名，好共核论乡党人物，每月辄更其品题，故汝南俗有'月旦评'焉。"又许劭"兄虔亦知名，汝南人称平舆渊有二龙焉"，遂有"二龙乡、月旦里"之称。[①]至于评论人物的标准，如"陈蕃丧妻，还葬，乡人毕至，而（许）劭独不往。或问其故，劭曰："太丘（陈寔）道广，广则难周；仲举（陈蕃）性峻，峻则少通，故不造也。"[②]这种批评人物，衡量和揭发一个人物的好坏，好的可以叫人有所鉴戒，这不是读书的知识分子唯一的发明，而是由于劳动人民所创造的。人民群众的眼睛是雪亮的，哪个好哪个劣，或哪个稍好哪个稍劣，劳动人民一看就察觉出来，甚至把当时的情况编成顺口溜，如实地反映出来。例如一般的人士一旦有钱有势，就要与结发之妻离婚，重娶一个新的夫人，当时的人民就讥笑他们"贵易交，富易妻"，说得何等痛快呀！又如看见地主阶级暴发户的蛮横，就说："颍水清，灌氏宁；颍水浊，

① 《后汉书·许邵传》。

② 同上。

灌氏族。”如上面所说的刘陶做了顺阳长，甚得民心。他以病去职，当时流行的童谣就说：“邑然不乐，思我刘君；何时复来，安此下民。”[1]又如董卓的罪恶昭彰，当时的人民就切齿痛恨说：“千里草，何青青；十日卜，不得生。”[2]果然不久，董卓就遭到燃脐之辱了。

东汉的读书人士对老百姓的“一字之褒甚于衮冕；一字之贬甚于斧钺”的口头创作，继承并发挥之。他们随时随地编出有褒有贬地批评和衡量当时的人物的口语箴言，指出为人做事的标准。

例如，汉桓帝还没有当上皇帝前做蠡吾侯时的老师甘陵周福，本来没有什么学问。既至桓帝登上帝位，就让周福做了尚书，而同郡河南尹房植有名，当朝未见擢用，因之当时的士大夫编歌谣说：“天下规矩房伯武，因师获印周仲进”，用以讥笑周福的因人得势。又如汝南太守宗资任功曹范滂，南阳太守成瑨委任功曹岑晊，二郡的人士编歌谣说：“汝南太守范孟博，南阳宗资主画诺；南阳太守岑公孝，弘农成瑨但坐啸”。[3]

---

①《后汉书·刘陶传》。

②［清］杜文澜：《古谣谚》，中华书局1958年版。

③《后汉书·党锢列传》。

那时的读书人士编造的歌谣可以分为以下三类：

（1）赞美人的品节的，如党中成员贾彪兄弟三人并有高名，而彪最优，故当时人士称道他们为“贾氏三虎，伟节（彪字）最怒”。又如颍川荀淑有子八人，都有才能，时人谓之“八龙”，而以荀爽最为好学，颍川的人士就称道说：“荀氏八龙，慈明（爽字）无双。”太学诸生对于李膺（字元李）、陈蕃（字仲举）、王畅（字叔茂）最为佩服，学中的人士就互相传说：“天下模楷李元礼，不畏强御陈仲举，天下俊秀王叔茂。”后汉时戴遵家（字子高）富好给施，尚侠气，当时人就称赞：“关东大侠戴子高。”还有三国时马良兄弟五人并有才名，乡里人士编歌谣说：“马氏五常，白眉（马良有白眉）最良。”

（2）称道人的学问的，如称道周举（字宣光）的博学洽闻，就说“五经纵横周宣光”；杨政（字子行）善讲经书，就说“说经铿铿杨子行”；戴凭（曾任侍中）说经能解答难题，就说“解经不穷戴侍中”；许慎（字叔重）博学经籍，是文字学的大师，就说“五经无双许叔重”；井丹（字大春）通五经，善谈论，京师人赞扬“五经纷论井大春”。

（3）讥讽时弊的，如后汉光禄勋是专为提拔人才举茂才四行的官署，当时权势富贵子弟多以人事（走后门）得举，而贫约守志者反以穷退见遗，京师人士就编歌谣说：“欲得不能，光禄茂才。”当时人士看见政府中选举的不公平，崇尚儒家读经书的只是为了做官，就说：“古人欲达勤诵经，今世图官免治生。”东汉气节之士，对于当时朝政深感不满，虞诩就说：“白璧不可为，容容多后福。”[①] 又《后汉书·赵壹传》说：“有秦客者，乃为诗曰：‘河清不可俟，人命不可延。顺风激靡草，富贵者称贤。文籍虽满腹，不如一囊钱。伊优北堂上，抗脏倚门边。”道出了文人对统治者不满的慷慨悲愤的思想情感。

从上面所引的三类谚语和歌谣来看，赞美和批评人物，非常准确，指斥当时的弊政极中要害，颇得当时人士的同情。当然这些究竟是从中小地主阶级立场出发，反映那些不得意的文人心情，而不是劳动大众朴素的口语。

党人的遭遇

地主阶级的文人学士为什么要拿民间歌谣谚语的形式“月旦评”作为宣传的工具来衡量人物呢？这是为了要树立一种风

---

①《古谣谚》。

纪，造成维护地主阶级的秩序和利益的舆论，使地主阶级的人们好有一个标准和目标，这就是所谓的“清议”。明末学者顾炎武谈到古今历史时说：“天下风俗最坏之地清议尚存，犹足以维持一二，至于清议亡，而干戈至矣。”① 这种清议，或则可以叫作乡评。在封建社会初期，使得那些新兴的地主阶级造成本阶级的声望而江山世袭，影响所及，遂形成了魏晋六朝门阀之风。但是从另一方面来看，地主阶级中的知识分子也有左中右之分，有进步的，也有顽固的。进步人士和开明的士大夫，他们直斥腐败朝政，不畏强暴，与恶势力作斗争，甚至献出了自己的生命。如当时被推崇的党人领袖、人人相望风采的李固，他为了领导群伦，以身作则，而且与同志们互相勉励，作出了示范，成为榜样。他给黄琼的信上说：“峣峣者易缺，皎皎者易污，阳春之曲，和者必寡，盛名之下，其实难副。近鲁阳樊君（英），被征初至，朝廷设坛席，犹待神明。虽无大异，而言行所守无缺。而毁谤布流，应时折减者，岂非观听望深，声名太盛乎……是故俗论皆言处士纯盗虚声。愿先生宏此远谟，令众人叹服，一雪此言耳。”② 李固

① ［明］顾炎武：《日知录》卷十四。

②《后汉书·黄琼传》。

终于牺牲性命，重蹈了他自己总结的经验的覆辙。他的战友杜乔也同时被梁冀杀害，故当时合称为“李杜”。他们的故友义士杨匡闻之号泣，星夜行到洛阳，乃着故赤帻，托为夏门亭长，守卫尸丧。李固的弟子郭亮“年始成童”，他不怕权贵的势力，诣阙上书，乞收固尸，不许，因到李固的尸首跟前痛哭，遂守丧不去，为“夏门亭长”所呵责。其实夏门亭长，就是义士杨匡。郭亮对杨匡说：“义之所动，岂知性命，何为以死相惧！”假扮作亭长的杨匡叹息说：“居非命之世，天高不敢不局，地厚不敢不蹐，耳目适宜于视听，口不可以妄言也！”他们遗留下来的节烈的风气，昭人耳目。不久，党人中的头目李膺得罪了宦官，下了诏狱，为宦官所陷害。事前他的战友荀爽“恐其名高致祸，欲令屈节以全乱世”，于是写信劝告他说：“方今天地气闭，大人休否，智者见险，投以远害，虽匮人望，内合私愿，想甚欣然，不为恨也。愿怡神无事，偃息衡门，任其飞沉，与时抑扬。”[1]可是他不愿意“与时抑扬”，而终于牺牲了自己的性命。当时的青年志士范滂，也不顾身家，以身殉国。范晔所著的《后

[1]《后汉书·李膺传》。

汉书·范滂传》说他白发苍苍的老母，亲送范滂到法场上，对他的儿子说：“汝今得与李杜齐名，死亦何恨！既有令名，复求寿考，可兼得乎！”“行路（之人）闻之莫不（为之）流涕”。[1]范晔写得何等悲壮淋漓，起人尊敬。宋代的文学家苏轼，幼时读《范滂传》，他的母亲问他读什么书？他回答说：儿读的是《范滂传》，我想学范滂的为人。他母亲激昂地说：“儿欲为滂，吾独不能为滂母乎！”这是人所周知的慷慨悲歌的事情，故不惮烦地写在这里。至于党人中的铮铮之士，如郭泰、黄宪、张俭、贾彪等，奔走国是，奖拔士人来砥砺名节，所谓“叔度（黄宪）之器，汪汪若千顷之陂，澄之不清，淆之不浊，不可量也”[2]。民归其义，士怀其德，遂形成为东汉敦朴的学风。上者是以抗节不屈，炳耀于世，其次者也能甘守贫贱，不与统治者同流合污。例如，申屠蟠，他看见汝南范滂等“非讦朝政，自公卿以下，皆折节下之。太学生争慕其风，以为文学将兴，处士复用”。而他认为大厦将倾，非一木所能独任，“乃绝迹于梁砀之间，因树为屋，自同佣人。”[3]党人陈留夏馥，经过党锢之狱，范滂、张俭等俱

---

①《后汉书·范滂传》。

②《后汉书·黄宪传》。

③《后汉书·申屠蟠传》。

被陷害，他不愿意像张俭那样望门投止，“一人逃死，祸及万家”，“乃自剪须河南变形，入（河南）林虑山中隐匿姓名，为冶（矿）家佣。亲突烟炭，形貌毁瘁，积二三年，人无知者……党禁未解而卒”[①]。

汉末的人士，大都是鉴于豺狼当道，诛除贤良，稍有不慎，则就要遭到不测之祸，于是甘于恬退，隐居读书，优游于田园，或匿迹灭形，逃避现实，即所谓“闲居可以养志，读书足以自娱，州郡之职，徒劳人耳”。就像延笃与李膺的信上说的

> 吾尝昧爽栉梳，坐于客堂，朝则诵羲文之《易》，虞夏之《书》……夕则消摇内阶，咏《诗》南轩，百家众氏，投闲而作，洋洋乎其盈耳也；涣烂兮其溢目也；纷纷欣欣兮其独乐也。当此之时，不知天之为盖，地之为舆，不知世之有人，己之有躯也。虽渐离击筑，傍若无人，高凤读书，不知暴雨，方之于吾，未足况也。[②]

又如为时稍早的朝歌人向长说：“吾已知富不如贫，贵不

---

① 《后汉书·夏馥传》。

② 《后汉书·延笃传》。

如贱，但未知死何如生耳。”[1]地主阶级的知识分子，稍遇到挫折就要悲观颓丧，逃避现实，只有不与恶势力合作的消极一面，而没有积极抵抗的办法。

有识之士对于当时形势的观察

在汉末大乱当中，必定有出来扶颓救厄，安定时局，恢复生产，拯救人民于水火之中的杰出人才的。仲长统在汉献帝时曾参与过汉丞相曹操的军事活动，每与曹操谈论古今，及时俗行事，恒发愤叹息，因著论名曰《昌言》。又如李膺的儿子李瓒，当曹操还没有显达的时候，“瓒异其才，谓其子宣曰：‘时将乱矣，天下英雄，无过曹操……袁本初（绍）汝外亲，虽尔勿依，必归曹氏。’诸子从之，并免于乱世。”执法不阿的桥玄，也对曹操说过：“今天下将乱，安生民者其在君乎！”“操常感其知己”。还有善于评论人物，好作月旦评的许劭，他尝评论曹操说：“君清平之奸贼，乱世之英雄。”“操大悦而去。”[2]

对于曹操的评价，应当一分为二地看。鲁迅先生说

① 《后汉书·向长传》。

② 《后汉书》（卷四十九、卷六十七、卷五十一、卷六十八）。

过："曹操是一个很有本事的人"，虽然"赋性通侻"，但是又信奉礼教，以不孝之罪杀了孔融。鲁迅先生指出："曹操、司马懿何尝是著名的孝子，不过加罪于反对自己的人罢了。"[①] 他假借着黄巾农民军青州兵的实力，剪除了当时袁绍等割据的群雄，统一了华北、中原地带，恢复了生产，对于当时的社会是有所贡献的。同时他内用兵家的韬略，外以儒家三纲五常、君君臣臣的思想，巩固自己的地位，维护其称帝称王的权威和势力。当他起兵之始，爱才若渴，礼贤下士，及其取得政权之后，首先把他的政敌孔融"以（孔）夫子之道，加诸夫子之身"，说孔融为非孝，而置之于死地。为他参赞出谋划策的帷幕之士荀彧，因为不赞成他"加九锡"，便用药把他毒死。就是他素所称赞的幕僚，极有文采的杨修，也因事被诛。著名的学者崔琰，因为"通宾客，门若市人。对宾客虬须直视，若有所瞋"，而赐之以死罪（《赐死崔琰令》）。[②] 真是草菅人命，如同儿戏。他还用阴谋诡计、欺骗的手段，夺取政权于孤儿寡妇之手。不久司马懿、司马师等也依法炮制，篡夺了曹魏的政权。对司马懿评

① 鲁迅：《魏晋风度及文章与药及酒之关系》。

② 《曹操集》，中华书局1959年版。

说得最痛快的，无过于唐马总所著的《通历》卷四所说：

> 宣帝（司马懿）起自书生，参赞帝业，济时定难，克清王道，文武之略，实有可称；然多仗阴谋，不由仁义，猜忽诡状，盈诸襟抱。至如示谬言于李胜，委鞫狱于何晏，愧心负理，岂君子之所为……

这种倾轧的做法，不但司马懿如此，曹操也不能例外。陈寿著《三国志·魏书》上不敢明显斥曹操，因为骂曹操就等于骂司马懿了。这样就给历代封建王朝的统治者篡政夺权开了先例，有所借口，在社会上造成歪风和恶俗，遗留下来极不好的影响。

知识分子的动摇性和怯懦性

当时还有些无耻的文人，为了攀龙附凤，惯于为虎作伥，作了统治者的帮凶，甚至不惜背师卖友。像孔融的门客路粹，用假造的证据来陷害孔融，所谓乘人之危①，“落井而下石者，所在皆是也”②。

①《后汉书·路粹传》。
②［唐］韩愈：《韩昌黎文集·柳宗元墓志铭》。

总之，知识分子本来就有其动摇性和怯懦性，虽然有足够的知识和政治的敏感，在运动中，“常常起着先锋的和桥梁的作用”，但打不了几个回合，偶然遇到挫折，就畏缩不前，知难而退，败下阵来了。要推翻封建统治的政权，推动社会前进，最根本最主要的，则只有靠着农民群众了。但是光谈农民起义，避而不谈东汉的“清议”和“月旦评”这客观存在的事实，知识分子在历史上所起的推动作用，就好比两条腿走路而失去了一条腿，是说不过去的。

有汉一代的农民起义

封建统治者高高地骑在人民的头上，所谓“贵有常家，尊在一人”。他们“视民如雠仇，税之如豺虎”，“强者规田以千数”，“富人之室，连栋数百，膏田满野，奴婢千群，徒附万计”。一遇到政治上的变动，统治者就征调农民和大量的刑徒充当劳役，充当炮灰。其兵荒马乱的时候，农民不得耕种，荒芜了田地，斗米何止万钱，只有地主富人能吃饱饭，农民们只能吃糠秕，甚至于跑到深山野泽“掘凫茨而食”。所以在封建社会的初期，秦朝的末年，农民领袖陈胜（涉）、吴广“篝火狐鸣”，揭竿而起，在封建社会内首先发动了第一次农民大革命，反抗封建帝王将相的统治，为农民力耕争得暂时的条件，所以“汉兴六七十年间，国富民足”，有所谓“文景之治”的景象。

到了汉武帝末年，由于苛征暴敛，征调频急，激起了农民的暴动，“南阳有梅免、白政，楚有殷中、杜少，齐有徐勃，燕赵之间有坚卢、范生之属，大群至数千人，擅自号，攻城邑，取库兵，释死罪，缚辱郡守都尉，杀二千石，为檄告县趋具食。小群以百数，掠卤［虏］乡里者不可胜数”。汉朝政府绣衣使者，持节虎符发兵兴击，并作《沈命法》：“群盗起不发觉，发觉而弗捕，满品者二千石以下至小吏主者皆死”。但是“盗贼浸多”，更不能制止。自元、成后，除了政治和经济上的压迫，还套上以礼教三纲五常、男尊女卑等精神上的枷锁。当时修建宫殿陵寝，开采盐铁等项大工役，调动了大批人力，加以惨无人道的虐待，所以从成帝阳朔（公元前24年）以来，农民起义自称将军者，无岁无之，被征调充劳役的刑徒也参加了反抗压迫的斗争。阳朔三年（公元前22年）颍川铁官徒申屠圣自称将军，率一百八十人，杀长吏，盗库兵，经历九郡，久之乃定。到永始三年（公元前14年），山阳铁官徒二百二十八人与尉氏农民樊并等起兵，蹈藉名都大郡，求党与随和，而无逃匿之意。[1] 这次起义为汝南太守严訢镇压下去。接着哀、平之际，外戚权臣王氏当政，侵刻小民，妄杀无辜，山东琅邪山女英雄吕母为儿子报仇，厚遇群众，招集了少年儿郎，革命志士，从事部署，起兵于海曲，即山东的日照县。吕母虽然不幸牺牲，但当时的人民为了纪念这位英雄，将起义的地点起名叫作吕母崮。王莽篡汉后，建立新朝，妄图复古，以“苛暴立威”，来压制人民，于是群众竞相揭起讨莽的旗帜。山东莒县农民军领袖樊崇，继承了女英雄吕母的雄心壮志，起兵莒县。初起兵时，樊崇的队伍都穿着农民的衣服，服装还不整齐，恐怕与王莽的军队相乱，于是用珠红色画了眉毛，以壮声威，号赤眉军。他们由山东打到河南的汝南陈留，直行入关，声势大振，并立刘盆子为帝，来发号施令。湖北新市人（今湖北京山）王匡、王凤与马武、成丹等起兵于湖北当阳县的绿林山中，号绿林军，平林兵、新市兵，总称下江兵，从湖北发展到南阳。此外还有铜马、大彤、高湖、铁胫、大抢等起义军，多得不可胜数。其中赤眉军与下江军是当时全国农民起义的主力。汉光武帝刘秀借着农民起义的成果建立东汉王朝。

①《汉书·成帝纪》。

刘秀是乘机利用谶纬迷信的荒谬学说，以“刘氏当兴”作为号召，又借着新市、平林、铜马等农民军的势力，起兵进入河北渔阳，转战洛阳，卒建帝位，故有“铜马帝”的称呼。[①] 光武帝刘秀即帝位之后，虽然采取了清查田亩、释放奴婢等措施，其目的是保他的帝业“万世罔替”和维护封建官僚统治集团的利益，对于农民群众谈不上有什么让步。他的措施不够彻底，也不可能彻底，因之终光武时期，“郡国大姓及兵长群盗，处处并起，攻劫在所，杀害长吏。郡县追讨，到则解散，去复屯结，青、徐、幽、冀四州尤甚”[②]。农民群众反抗统治者的斗争，从来就没有停止过。纵然有时稍为安静一些，也如《后汉书·光武帝纪下》所说的“自是牛马放牧，邑门不闭”，也不过是较短时间的现象而已。

东汉建立，自从光武末年到安帝初年（公元55年——107年），不过五十多年时间，由于宦官外戚的争权夺利，人民处于严重的朘削之下，不断掀起农民和少数兄弟民族的暴动。范晔说：“安、顺以后，风威稍薄，寇攘寖横，缘隙而生，剽人盗邑者不阕时月，假署皇王者盖以十数。或托验神道，或矫

① 《后汉书·光武帝纪上》注引《阃外春秋》。

② 《后汉书·光武帝纪下》。

安冕服。然其雄渠魁长，未有闻焉，犹至垒盈四郊，奔命首尾……”[①] 在顺帝初年（永建二年，公元127年），当时叫“海贼”的农民领袖张伯路，据滨海九郡。“顺帝末，扬、徐盗贼（农民）群起，磐牙连岁”。马勉之徒乘敝而起荆扬之间，称黄帝。历阳华孟称黑帝，起兵于历阳、九江等地，为九江都尉滕抚所平定。桓帝永兴元年（公元153年），“河溢，漂害人庶数十万户……冀州盗贼尤多”；长沙和益阳的武陵蛮族也集合二万余人起兵响应，攻打江陵，为督扬州诸郡军事的冯绲镇压下去 。[②] 这次农民和少数兄弟民族起义的区域广阔，我认为必有手工业者、刑徒参加，可惜记载缺乏，无从考稽了。但星星之火，可以燎原，遂成为农民黄巾军大起义的序幕。

汉桓帝时，政治腐败，认宦官为父母，以卖官鬻爵为儿戏。中平元年（公元184年）二月，终于爆发了巨鹿张角联合青、徐、幽、冀、荆、扬、兖、豫八州人民举兵征讨腐朽的汉家王朝的黄巾军大起义。同时，张陵创立五斗米道。后来，张修、张鲁以五斗米道组织在汉中郡起义。他们虽然仅延到这年的十一月，就被汉朝的左中郎将皇甫嵩等战败，但是，像张角

①《后汉书·张法滕冯度杨列传》。

② 同上。

在臣鹿创立太平道时，自称“大贤良师”，反对孔孟，奉事黄老，蓄养教化弟子，疗人疾病，应时而愈，百姓神而信之。据记载，他“分遣弟子周游四方，转相诳诱，十余年间，徒众数十万，青、徐、幽、冀等八州之人莫不毕应，或弃财产，流移奔走，填塞道路，未至病死者亦以万数，郡县不解其意，反言角以善道教民，为民所归”。张角“遂置三十六方，方犹将军号也……各立渠帅。讹言‘苍天已死，黄天当立，岁在甲子，天下大吉’。以白土书京城寺门及州郡官府，皆作‘甲子’字……一时俱起，皆着黄巾为标帜，时人谓之‘黄巾’，亦名为‘蛾贼’”[①]。这说明了张角所领导的黄巾军的基础是雄厚的，组织能力是很强的，影响是深远的。他们能够深入民间，与贫苦大众结合在一起，是拯救农民于水深火热中的子弟兵。由于汉代农民所穿的衣服是皂色；撑船的船夫戴的是黄色的帽子，故船夫叫作黄头郎。因之，张角领导的农民军就以黄巾作为标志，叫作黄巾军。

东汉光武帝，制造谶纬之说来迷惑人民以巩固其封建王朝的统治，因之阐述祥瑞迷信之风，到处皆是。有统治者为了愚

① 据《后汉书·皇甫嵩传》、［宋］袁枢：《资治通鉴纪事本末·黄巾之乱》。又据张廷济所藏的汉砖中有“甲子大吉”的砖文。最近安徽亳县出土曹氏墓砖有“苍天乃死”的砖文。

弄人民的“立道设教”，也有农民朴素的宗教信仰。在汉代一般都市和乡村里面，群众为了富贵，人马平安，祈求避凶从吉的风气是很广泛的。当时的农民建筑房屋，甚至于盖个牛棚，所用的砖瓦都刻上吉祥的文字。如清代陈介祺所辑录砖瓦陶片上，就有“大吉羊（祥）”“大富贵”“日利万千”等样的吉祥语言。在清代张廷济所藏的砖瓦拓片上，有“甲子大吉”上下排列、一正一反的文字，表示岁在甲子，是来年要过的好日子。又因为汉朝到桓灵的末年，政治腐败，人民生活非常痛苦，故坐观天象，觉得天气还有时改变，这样残酷无道的皇帝也早就该死，应当改朝换代了。最近在安徽亳县发现的汉代字砖上就刻有“五复汝使戋（我）作此大壁径冤戋（我）人不知也但搏汝属仓天乃死”的语句。

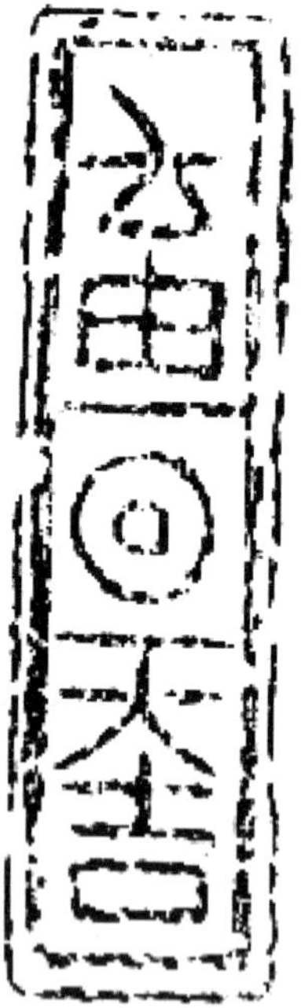

汉甲子大吉砖刻

人民群众在水深火热之中亟待拯救的情况下，黄巾军起义及时提出了“苍天已死，黄天当立”，“岁在甲子，天下大吉”的口号，是应时当令的，于是很快地传遍了青、徐、幽、冀等八州的地方，人民群众起来展开了英勇抗击汉朝暴政的战争。

与此同时，黄巾军的领袖张角到青州，团结了开明的知识分子，保护了汉朝大儒郑玄的乡里。当时就称郑玄的乡里为“郑公乡”。

在农民军十余年的酝酿准备期间，张角为人民维持生计，照顾疾病，做了很多有益的事情。贫苦农民一肚皮的苦水，只有向农民军去吐诉，才得到安慰和救济。农民军所到之处成了劳苦大众安身之所。这种情况持续的时间是很久的，影响是很大的。那个时候是汉朝统治者残酷虐待人民之时，劳苦大众只有在张角的领导和庇护下，才过着拯疾救贫、比较安定的日子。

我对农民群众反抗封建统治者的朴素思想有以下五点体会：

（1）自从我国建立了封建社会，由帝王将相统治人民以来，最高的是帝王天子之尊，要统治万世。到了汉代，用儒家“以孝治天下”的法则维护封建王朝，因之有不可侵犯的“贵有常家，尊在一人”的说法。陈胜、吴广起兵于畎亩之中，因此他慷慨地说：“壮士不死即已，死即举大名耳。王侯将相宁有种乎！”[1]他反对六国诸侯死灰复燃，反对儒家在当

①《史记·陈涉世家》。

时所说的“兴灭国，继绝世，举逸民”那一套复古不合时宜的谬论，并对孔子的八世孙孔鲋说：“六国之后君，吾不能封也。远世之王，于我何有？吾自举，不及于周，又安能纯法之乎？”[①]这就破除了“子孙帝王万世之业”的荒谬思想。

（2）以张角为首的黄巾军，素来是“奉事黄老”，反对儒家以礼教诳人的。据记载，他是“以妖术教授”，即所谓用神道来设教，号太平道。《后汉书·襄楷传》说：“顺帝时，琅邪宫崇诣阙，上其师干吉于曲阳泉水上所得神书百七十卷，皆缥白素朱介青首朱目，号《太平清领书》……有司奏崇所上妖妄不经，乃收藏之。后张角颇有其书焉。”后来流传的《太平经》，本来是东汉的儒士维护地主阶级统治的论著，其中也夹杂了一些朴素的农民思想。自汉以后，到宋元的“吃菜事魔”和元明时代的白莲教和摩尼教，都有经卷，叫作宝卷，可以说是由汉代的《太平经》沿袭下来的。张角所领导的黄巾军也利用汉代方士和五行相克、五德终始的思想。例如，汉顺帝时农民领袖马勉称黄帝，华孟称黑帝，打乱了五德相终始的谬论。黄巾军提出“苍天已死，黄天当

① 转引自李长路、焦树安：《农民起义领袖陈胜反孔斗争》一文中《孔丛子》末篇的一些资料。

立，岁在甲子，天下大吉”的口号，反对封建统治的旗帜何等鲜明呀！

（3）封建王朝有帝王将相各级官吏的层层统治。他们除了法令，还制定了许多繁文缛节的礼仪名教来桎梏人民。而赤眉军樊崇起义之始，乃与群众相约，“杀人者死，伤人者抵罪”，领导与群众之间并没有像汉家王朝的界限那样严苛。他们是以人民的身份享有平等待遇，虽然用了汉家王朝习惯上的称呼，而其含义与性质确实是不同的。如“其中最尊者号三老，次从事，次卒吏，泛相称曰臣人”①。古代“臣”字是彼此相呼的通称。黄巾军的领袖以教长自居，“自称大贤良师”；在汉中的张鲁“自号‘师君’，其来学者初名为‘鬼卒’，后号‘祭酒’。祭酒各领部众，众多者名曰‘理头’。皆校以诚信，不听欺妄……犯法者先加三原，然后行刑。不置长吏，以祭酒为理，民夷信向”②。农民群众并不是各自为长，互称将军，不要领袖，而是凡起义运动总需要一个带头人作领导，要有较好的领袖。史籍记载所说的赤眉军入关的时候，各自称将军，后来立了刘盆子为帝，“移书

①《后汉书·刘盆子传》。

②《后汉书·张鲁传》。

数（王）莽罪恶，称说汉家历数，天下始知所宗”[①]，则纯属诬枉农民军的词句。

（4）在封建王朝的统治者极力吞并剥削，富者整天膏粱珍馐，贫者几乎一饭也不得饱的情况下，社会呈现出贫富极端不平等的现象，而农民军素来反对恃强凌弱，分配不均，主张在生活资料和政治权利上待遇必须平等，如《太平经》卷一四八等卷曾经提出了“各令平均”“尊卑大小皆如一”的平均主义思想。[②]由于时间和条件关系，当时虽然没有提出均田分地的主张，可是已经提出争取人身生活的权利和待遇了。

（5）在封建统治阶级的经济剥削和政治压迫之下，尤其是从礼教名分方面对下抑制，弄得劳苦大众有苦没处诉，有理没处讲，真是如清代考据学家戴震所说：“尊者以理责卑，长者以理责幼，贵者以理责贱，虽失谓之顺。卑者、幼者、贱者以理争之，虽得谓之逆。于是下之人不能以天下之同情，天下所同欲，达之于上。上以理责其下，而在下之罪，人人不胜指数。人死于法，犹有怜之者，死于理，其谁怜之！”[③]颠连

---

①《资治通鉴补》卷三十八。

② 转引自王静如、史树青：谈《有关农民战争文物》中所引用的《太平经》原文，《文物》1960年第7期。

③［清］戴震：《孟子字义疏证》卷上，商务印书馆1937年版。

困苦、走投无路的劳苦大众，只有向农民军领袖——贫苦农民的亲人，才能够诉说两句知心的话。农民军平抑了民愤，因之使天下之人，人心悦服，“襁负归之”。汉中的张鲁起义，凡是参加的成员都要缴纳五斗米作为成员的保证，因之叫作“五斗米道”。他的理事的“诸祭酒各起义舍于路，同之亭传，县（悬）置米肉以给行旅。食者量腹取足”。[①] 行旅之人，尚且如此，则当地的人民生活安定的情况更为可知。可以说，黄巾军起义前赴后继达十余年之久，起义军占领区域内的农民生活是相当安定的。贫苦人民有了疾病，在其他乡间无医药可以医治，不知道死了多少人口，而农民军为之医疗疾病，这对于贫苦农民是莫大的幸福。当汉朝桓灵二帝及朝廷大臣各级官吏贪污腐化、蹂躏人民之日，正是黄巾农民军起义的区域内农民翻身吐气、同享太平之时。

总之，人民群众的力量是伟大的，是不可战胜的；人民群众的智慧是无穷的。当社会矛盾尚未发展到尖锐化之时，劳动大众携手并进，提高了生产，增加了社会上的财富，并推动了文学艺术和科学技术的发展。一旦社会矛盾尖锐化了，被统治阶级受压迫最厉害，一向称为最驯服的女子也会撕破“三从四

①《后汉书·张鲁传》。

德”，起来与统治者斗争。劳动大众，尤其是手里拿着镐的农民和手里持着矩的手工业者，终日辛辛苦苦，伏首在畎亩或工棚里从事劳动，可是当阶级压迫最严重的时候，也会变成为敢于反抗斗争的最勇敢的人物，出现无数的英雄和战士，起来推翻封建统治的王朝。因之，在封建社会改朝换代的时期，统治者如果能接受农民革命给他们的教训，即所谓“水能行舟，亦能覆舟”，时局就能暂时地稳定，社会生活和经济就会得到发展。

正如毛泽东在《中国革命和中国共产党》中指出：“中国历史上的农民起义和农民战争规模之大，是世界历史上所仅见的。在中国封建社会里，只有这种农民的阶级斗争、农民起义和农民战争，才是历史发展的真正动力。因为每一次较大的农民起义和农民战争的结果，都打击了当时的封建统治，因而就多少推动了社会生产力的发展。只是由于当还时没有新的生产力和生产关系，没有新的阶级力量，没有先进的政党，因而这种农民起义和农民战争得不到如同现在所有的无产阶级和共产党的正确领导。这样，就使当时的农民革命，总是陷于失败，总是在革命中和革命后，被地主和贵族利用了去，当作他们改朝换代的工具。”

后记

我于二十多年以前曾写过一篇《汉代画像考》仅写了四章，未能完稿。全国解放的前夕，我从上海回到北京，参加学习，从事教学和科研工作，涉及的都是些研治明清史事的事情，写作汉代史迹的业务遂以中辍。我的治学愿望，是想从清初上溯金源渤海，一直到汉代的真蕃临屯，编成我国东北的历史，徒以“少小不努力，老大徒伤悲”，少年志学之志，成了一个梦想。1972年春，我从明港参加“五七”干校学习归来，端居多暇，乃得重理旧业，温习两汉、三国史籍，及《考古》《文物》各期刊上有关最近出土文物的文章，先写成卡片；自1973年11月初旬，到1974年五一节，苦思冥想，纂辑丛残，而写成斯篇。将近十余万言的草稿，初步完成，随后再加以修改。

我的体会是要认真读书，要认真读马克思、列宁主义的书、毛泽东同志的著作，可是我的学习还是远远不够的。不过我试图用毛泽东思想来钩稽史事，分析问题，把昔人颠倒历史的地方，把它颠倒过来，以期达到“古为今用”的目的，或者有一知半解可以供学者的参考。因为是一部不成熟的作品，本无心于问世，最多也只是平日读书的札记，以医治我不学之苦，可以放笔而书，写得比较自由。好在写错了，有同志们给我改正，总比怕犯错误，不写，或者饱食终日，无所用心要好一些。

谢国桢记于北京

一九七四年五月七日

国家新闻出版广电总局
首届向全国推荐中华优秀传统文化普及图书

‖大家小书书目

经典常谈	朱自清　著
语言与文化	罗常培　著
习坎庸言校正	罗　庸　著　杜志勇　校注
鸭池十讲（增订本）	罗　庸　著　杜志勇　编订
古代汉语常识	王　力　著
国学概论新编	谭正璧　编著
文言尺牍入门	谭正璧　著
日用交谊尺牍	谭正璧　著
敦煌学概论	姜亮夫　著
训诂简论	陆宗达　著
金石丛话	施蛰存　著
常识	周有光　著　叶　芳　编
文言津逮	张中行　著
中国字典史略	刘叶秋　著

古典目录学浅说	来新夏　著
闲谈写对联	白化文　著
怎样使用标点符号（增订本）	苏培成　著
诗境浅说	俞陛云　著
唐五代词境浅说	俞陛云　著
北宋词境浅说	俞陛云　著
南宋词境浅说	俞陛云　著
人间词话新注	王国维　著　滕咸惠　校注
苏辛词说	顾　随　著　陈　均　校
诗论	朱光潜　著
唐诗杂论	闻一多　著
诗词格律概要	王　力　著
唐宋词欣赏	夏承焘　著
槐屋古诗说	俞平伯　著
词学十讲	龙榆生　著
词曲概论	龙榆生　著
中国古典诗歌讲稿	浦江清　著 浦汉明　彭书麟　整理

唐人绝句启蒙	李霁野　著
唐宋词启蒙	李霁野　著
古典文学略述	王季思　著　王兆凯　编
古典戏曲略说	王季思　著　王兆凯　编
唐宋词概说	吴世昌　著
宋词赏析	沈祖棻　著
道教徒的诗人李白及其痛苦	李长之　著
闲坐说诗经	金性尧　著
陶渊明批评	萧望卿　著
舒芜说诗	舒　芜　著
名篇词例选说	叶嘉莹　著
唐诗纵横谈	周勋初　著
楚辞讲座	汤炳正　著 汤序波　汤文瑞　整理
好诗不厌百回读	袁行霈　著
山水有清音 ——古代山水田园诗鉴要	葛晓音　著

门外文谈	鲁　迅　著
我的杂学	周作人　著　张丽华　编
论雅俗共赏	朱自清　著
文学概论讲义	老　舍　著
中国文学史导论	罗　庸　著　杜志勇　辑校
给少男少女	李霁野　著
鲁迅批判	李长之　著
英美现代诗谈	王佐良　著　董伯韬　编
三国谈心录	金性尧　著
夜阑话韩柳	金性尧　著
英语学习	李赋宁　著
漫谈西方文学	李赋宁　著
历代笔记概述	刘叶秋　著
笔祸史谈丛	黄　裳　著
古典诗文述略	吴小如　著
有琴一张	资中筠　著
鲁迅作品细读	钱理群　著
唐宋八大家——古代散文的典范	葛晓音　选译

红楼梦考证　　胡　适　著
《水浒传》与中国社会　　萨孟武　著
《西游记》与中国古代政治　　萨孟武　著
《红楼梦》与中国旧家庭　　萨孟武　著
《金瓶梅》人物　　孟　超　著　张光宇　绘
水泊梁山英雄谱　　孟　超　著　张光宇　绘
《红楼梦》探源　　吴世昌　著
《西游记》漫话　　林　庚　著
细说红楼　　周绍良　著
红楼小讲　　周汝昌　著　周伦玲　整理
曹雪芹的故事　　周汝昌　著　周伦玲　整理
古典小说漫稿　　吴小如　著
三生石上旧精魂
——中国古代小说与宗教　　白化文　著
《金瓶梅》十二讲　　宁宗一　著
古体小说论要　　程毅中　著
近体小说论要　　程毅中　著
文学的阅读　　洪子诚　著
中国戏曲　　么书仪　著

中国史学入门	顾颉刚　著　何启君　整理
秦汉的方士与儒生	顾颉刚　著
三国史话	吕思勉　著
史学要论	李大钊　著
中国近代史	蒋廷黻　著
民族与古代中国史	傅斯年　著
五谷史话	万国鼎　著　徐定懿　编
民族文话	郑振铎　著
史料与史学	翦伯赞　著
唐代社会概略	黄现璠　著
清史简述	郑天挺　著
两汉社会生活概述	谢国桢　著
中国文化与中国的兵	雷海宗　著
两宋史纲	张荫麟　著
明史简述	吴　晗　著
北宋政治改革家王安石	邓广铭　著
从紫禁城到故宫 ——营建、艺术、史事	单士元　著
史学遗产六讲	白寿彝　著

司马迁之人格与风格	李长之　著
司马迁	季镇淮　著
唐王朝的崛起与兴盛	汪　篯　著
二千年间	胡　绳　著
论三国人物	方诗铭　著
考古发现与中西文化交流	宿　白　著
中国古代国家的历史特征	张传玺　著
艺术、神话与祭祀	张光直　著 刘　静　乌鲁木加甫　译
中国古代衣食住行	许嘉璐　著
中国古代史学十讲	瞿林东　著

黄宾虹论画	黄宾虹　著
中国绘画史	陈师曾　著
和青年朋友谈书法	沈尹默　著
中国画法研究	吕凤子　著
桥梁史话	茅以升　著
中国戏剧史讲座	周贻白　著
俞平伯说昆曲	俞平伯　著　陈　均　编

新建筑与流派	童　寯　著
论园	童　寯　著
拙匠随笔	梁思成　著　林　洙　编
中国建筑艺术	梁思成　著　林　洙　编
沈从文讲文物	沈从文　著　王　风　编
中国画的艺术	徐悲鸿　著　马小起　编
中国绘画史纲	傅抱石　著
中国舞蹈史话	常任侠　著
海上丝路与文化交流	常任侠　著
世界美术名作二十讲	傅　雷　著
中国画论体系及其批评	李长之　著
金石书画漫谈	启　功　著　赵仁珪　编
吞山怀谷 ——中国山水园林的艺术	汪菊渊　著
中国古代音乐与舞蹈	阴法鲁　著　刘玉才　编
梓翁说园	陈从周　著
旧戏新谈	黄　裳　著
民间年画十五讲	王树村　著　姜彦文　编
民间美术与民俗	王树村　著　姜彦文　编

长城史话	罗哲文　著
中国古园林概说	罗哲文　著
现代建筑奠基人	罗小未　著
世界桥梁趣谈	唐寰澄　著
如何欣赏一座桥	唐寰澄　著
桥梁的故事	唐寰澄　著
园林的意境	周维权　著
万方安和 ——皇家园林的故事	周维权　著
现代建筑的故事	吴焕加　著
中国古代建筑概说	傅熹年　著

国学救亡讲演录	章太炎　著　蒙　木　编
简易哲学纲要	蔡元培　著
大学教育	蔡元培　著 北大元培学院　编
老子、孔子、墨子及其学派	梁启超　著
中国政治思想史	吕思勉　著
天道与人文	竺可桢　著　施爱东　编

春秋战国思想史话	嵇文甫 著
晚明思想史论	嵇文甫 著
新人生论	冯友兰 著
中国哲学与未来世界哲学	冯友兰 著
谈美书简	朱光潜 著
中国古代心理学思想	潘 菽 著
民俗与迷信	江绍原 著 陈泳超 整理
佛教基本知识	周叔迦 著
儒学述要	罗 庸 著 杜志勇 整理
希腊漫话	罗念生 著
佛教常识答问	赵朴初 著
大一统与儒家思想	杨向奎 著
孔子的故事	李长之 著
西洋哲学史	李长之 著
乡土中国	费孝通 著
社会调查自白	费孝通 著
经学常谈	屈守元 著
墨子与墨家	任继愈 著
汉化佛教与佛寺	白化文 著
中西之交	陈乐民 著

出版说明

“大家小书”多是一代大家的经典著作，在还属于手抄的著述年代里，每个字都是经过作者精琢细磨之后所拣选的。为尊重作者写作习惯和遣词风格、尊重语言文字自身发展流变的规律，为读者提供一个可靠的版本，“大家小书”对于已经经典化的作品不进行现代汉语的规范化处理。

提请读者特别注意。

北京出版社